Matthias Dammert | Christine Keller | Thomas Beer | Helma Bleses
Person-Sein zwischen Anspruch und Wirklichkeit

Randgebiete des Sozialen

Herausgegeben von Ronald Hitzler |
Hubert Knoblauch | Dariuš Zifonun

Mit der Reihe „Randgebiete des Sozialen" stellen wir die Frage auf Dauer, wo Menschen, aufgrund welcher Annahmen, die Grenzen dessen ziehen, was sie je als „das Soziale" überhaupt ansehen. Wir vertreten die Auffassung, dass die Grenzen des Sozialen selber sozial konstruiert sind und dass diesen Grenzen entlang eben jene Randgebiete entstehen, in denen das Soziale zweifelhaft wird und die gerade deshalb konstitutiv sind für die Selbstverständlichkeit des Sozialen. Zu klären bleibt dementsprechend, ob und wo sich Randgebiete, Übergangsbereiche und Grenzauflösungen abzeichnen.

Matthias Dammert | Christine Keller |
Thomas Beer | Helma Bleses

Person-Sein zwischen Anspruch und Wirklichkeit

Eine Untersuchung zur Anwendung der Integrativen Validation und der Basalen Stimulation in der Begleitung von Personen mit Demenz

Die AutorInnen

Matthias Dammert, Jg. 1967, Dr. phil., MPH, ist Sozial- und Gesundheitswissenschaftler und arbeitet im Bereich der Fort- und Weiterbildung mit dem Schwerpunkt „Situations- und Phänomenorientierung in der Pflege und Betreuung von Menschen mit Demenz" (www.spot-demenz.de).

Christine Keller, Jg. 1980, M.Sc. Public Health und BSc. Physiotherapy, ist Stipendiatin im Kolleg des Netzwerk Alternsforschung (NAR) der Universität Heidelberg und Doktorandin am Lehrstuhl für Soziologie der Technischen Universität Dortmund. Ihre Arbeits-/Forschungsschwerpunkte sind Demenzforschung (Kommunikation, Betreuung, Konzeptvermittlung), Methoden der explorativ-interpretativen Sozialforschung (Ethnographie, Videographie).

Thomas Beer, Jg. 1972, Dr. rer. medic, Dipl.-Pflegewirt, Dipl.-Pflege- und Gesundheitswissenschaftler, ist Professor für Pflege und Pflegewissenschaft an der Fachhochschule St. Gallen. Sein Arbeits- und Forschungsschwerpunkt liegt im Bereich der Pflege von Personen mit Demenz.

Helma M. Bleses, Jg. 1958, Dr. rer. cur., ist Professorin im FB Pflege und Gesundheit der Hochschule Fulda – University of Applied Sciences, Fachbereich Pflege und Gesundheit. Ihre Forschungsschwerpunkte liegen auf den Gebieten Qualitätsentwicklung, Organisations-/Personalentwicklung, Pflege- und Versorgungsforschung mit Schwerpunkt Demenz.

Bibliografische Information der Deutschen Nationalbibliothek

Die Deutsche Nationalbibliothek verzeichnet diese Publikation in der Deutschen Nationalbibliografie; detaillierte bibliografische Daten sind im Internet über http://dnb.d-nb.de abrufbar.

Das Werk einschließlich aller seiner Teile ist urheberrechtlich geschützt. Jede Verwertung außerhalb der engen Grenzen des Urheberrechtsgesetzes ist ohne Zustimmung des Verlags unzulässig und strafbar. Das gilt insbesondere für Vervielfältigungen, Übersetzungen, Mikroverfilmungen und die Einspeicherung und Verarbeitung in elektronischen Systemen.

© 2016 Beltz Juventa · Weinheim und Basel
Werderstr. 10, 69469 Weinheim
www.beltz.de · www.juventa.de
Satz: text plus form, Dresden
Druck und Bindung: Beltz Bad Langensalza GmbH, Bad Langensalza
Printed in Germany

ISBN 978-3-7799-3309-0

Vorwort

„Aber schon die Antwort auf so basale Fragen, wie die, ob überhaupt und wann es sich bei den körperlichen Verhaltensweisen von Demenzkranken um subjektives Wollen, um Habitualisierungen, um quasi evolutionär in den Organismus ‚eingebaute Antriebe' oder gar um (mehr oder weniger) ‚rein' organische Aktivitäten und Reaktionen handelt, ist sowohl in der einschlägigen Literatur als auch unter Pflegekräften strittig bzw. bleibt ausgesprochen diffus."
(Honer 2011d, S. 128)

Generationen von Wissenschaftlerinnen und Wissenschaftlern widmen sich den Theorien, Konzepten und Fragen zur nonverbalen und verbalen Kommunikation. Dabei handelt es sich überwiegend um Kommunikation mit *hellwachen, normalen Erwachsenen,* wie Anne Honer jene Personen beschreibt, die zumindest nicht an irgendeiner Form der Demenz leiden. Anne Honer selbst hat sich auf den Weg in die Lebenswelt von Personen mit Demenz begeben, um diese zu erkunden. Dabei kam sie zu der Erkenntnis, dass Phänomene der „dementiellen Welterfahrungen" noch lange nicht erforscht sind. Dies gilt es noch zu tun. Dennoch werden Konzepte zum Umgang mit Personen mit Demenz vorgeschlagen, die u. a. darauf ausgerichtet sind, ‚Lebensthemen' von Personen mit Demenz zu identifizieren. Diese Konzepte geben vor, jene Themen seien hilfreich, um positive Erinnerungen und angenehme Emotionen zu stimulieren. Was aber geschieht, wenn diese Lebensthemen nicht nur positiv besetzt sind oder Personen befremdlich auf gut gemeinte Techniken wie eine sogenannte ‚Ritualisierte Begegnung' reagieren? Im Altenpflegewesen hält immer mehr ein berufspolitisch motivierter Imperativ Einzug, der zur verordneten Empathie drängt. Die Verordnung lautet: ‚Sei empathisch! Fühle Dich in eine Person mit Demenz ein und nehme wahr, was in ihr vorgeht'.

Anne Honer (2011) kam durch ihre Ethnographien zu der Annahme, dass Personen mit Demenz „nicht einfach *vergessen,* sondern, dass sie sich eher nicht in derselben Welt aufhalten wie ‚wir'. Sie leben – zumindest zeitweise – in ihrer *je eigenen Welt.*"

Wir werden Anne Honer nicht vergessen. Sie hinterließ uns u. a. eine Sammlung von Texten mit Erkundungen aus dem Feld und damit „Hinterlassenschaften zu Lebzeiten", wie Ronald Hitzler im Vorwort zu Anne Honers Buch „Kleine Leiblichkeiten" schrieb. Es erschien anlässlich ihres 60. Geburtstags. Dazu wünschte Ronald Hitzler, „dass das, was sie mit ihren Arbeiten angestoßen hat, weitergeführt und weiterentwickelt wird".

Die vorliegende Arbeit belegt diese Weiterführung. Anne Honer hat mit ihren Vorarbeiten und mit ihrer entscheidenden Frage an die *Integrative Validation* – „*Was ist IVA eigentlich?*" – maßgeblich und entscheidend dazu beigetragen, dass wir das Projekt auf den Weg bringen konnten. Dafür empfinden wir tiefe Dankbarkeit.

Die Leitung unseres Projekts lag bei Daphne Hahn und Helma M. Bleses. Daphne Hahn gilt unser besonderer Dank für die Steuerung des Projektes.

Auch Ronald Hitzler und Lakshmi Kotsch haben die Arbeiten fortgesetzt. Ihr Werk „*Selbstbestimmung trotz Demenz*" und der Austausch mit ihnen waren in vielerlei Hinsicht wertvoll für unser Projekt.

Unser Dank gehört posthum Nicole Richard, der wir den Gegenstand des Projektes zu verdanken haben. Wir haben ihr Konzept der Integrativen Validation *evaluieren* dürfen. Dabei hatten wir die Gelegenheit, unsere ‚Befunde' mit ihr zu besprechen und zu diskutieren. Auch den Begründern des Konzeptes der Basalen Stimulation, Christel Bienstein und Andreas Fröhlich, danken wir herzlich. Ebenso gilt unser Dank Thomas Buchholz, der uns maßgeblich beim Verstehen dieses Konzeptes und bei der Analyse unterstützt hat.

Unser besonderer Dank aber gilt insbesondere den Personen, die uns als „Zaungäste" akzeptierten. Sie gestatteten uns einen Einblick in eine vertraute, aber dennoch fremde und andere ‚Welt', um das *unverkennbar* „Diffuse" zu erkunden.

Unsere Erkundungen hierzu sind noch lange nicht abgeschlossen. Wir werden die offen gebliebene Frage von Anne Honer bezüglich des Zugangs zur Lebenswelt von Personen mit Demenz weiter verfolgen.

Helma Bleses, Thomas Beer, Fulda und St. Gallen im September 2015

Inhalt

Kapitel 1
Einleitung   9
1.1   Person mit Demenz und Person-Zentrierung   10
1.2   Ziel und Fragestellung   14

Kapitel 2
Integrative Validation und Basale Stimulation   17
2.1   Integrative Validation nach Nicole Richard   17
2.2   Basale Stimulation nach Bienstein und Fröhlich   24

Kapitel 3
Forschungsdesign   28
3.1   Methodenpluralität im Forschungsfeld   28
3.2   Datenerhebung und Auswertung   30
3.3   Limitation und Herausforderungen im Forschungsprozess   32

Kapitel 4
Ergebnisse   36
4.1   Unspezifische teilnehmende Beobachtung: Erste Eindrücke   36
4.2   Spezifische nicht-teilnehmende Einzelfallbeobachtung   41
4.2.1   Anwendung und Umsetzung der Integrativen Validation und der Basalen Stimulation   41
4.2.2   Anwendungsbarrieren der Integrativen Validation und der Basalen Stimulation   47
4.3   Erste Zusammenfassung   55
4.4   Anspruch und Wirklichkeit   57
4.4.1   Begegnungen im Spannungsfeld zwischen ‚Absicherung' und ‚Orientierung'   58
4.4.2   Begegnungen im Widerspruch: Bedürfnisse   62
4.4.3   Begegnungen im Widerspruch: Selbst- und Fremdwahrnehmung   63
4.4.4   Begegnung mit Distanz   66
4.4.5   Das Bedürfnis nach Ruhe   67
4.4.6   Begegnungen im Klagemodus   69
4.4.7   Begegnung zwischen Anspruch und Beanspruchung   73

Kapitel 5
Zusammenfassung und Diskussion 78

Literatur 92

Kapitel 1
Einleitung

Der Anstieg des Lebensalters und die Erkenntnis, dass sich mit zunehmendem Alter das Demenzrisiko erhöht, lassen eine Zunahme des Demenzphänomens vermuten (Alzheimer's Disease International 2013; Bickel 2012). Allerdings lässt sich dies in aktuellen Untersuchungen (Matthews et al. 2013) zur Prävalenz und Inzidenz von Demenz in Europa nicht bestätigen. Dennoch wird das Thema auch weiterhin einen enormen Stellenwert in der politischen, gesellschaftlichen und (pflege-)wissenschaftlichen Diskussion einnehmen. Demenz und die damit assoziierten Phänomene sind Gegenstand von Debatten und Diskussionen. Gleichzeitig werden aber gerade jene Personen, bei denen sich diese Phänomene zeigen, zunehmend marginalisiert. Unter dem Blickwinkel des „Versorgungsfalles" bzw. „Problemfalles" werden sie zu Akteuren am gesellschaftlichen Rand (Gronemeyer 2013).

Besonders die *Pathologisierung* (Whitehouse 2009) bzw. *Etikettierung* von Personen mit Demenz als Demenz*kranke* führt dazu, dass sie *mit, trotz* und *wegen* ihres unterschiedlich starken Verlustes an kognitiven und kommunikativen Fähigkeiten immer weniger in das gesellschaftliche Leben im Sinne einer sozialen Teilhabe eingebunden werden. Denn im Umgang mit Personen mit Demenz ergeben sich bereits bei der Erfassung der Wünsche und Absichten erhebliche Deutungsprobleme. Die ‚normalerweise' für ein Gespräch geltende Annahme der „Reziprozität der Perspektiven" (Schütz 1971) lässt sich nicht mehr ohne weiteres voraussetzen. Dies bedeutet, dass die ‚üblichen' Regeln einer Konversation ihre Gültigkeit verlieren oder ihre Wirkung verfehlen. Die Interaktionspartner reden gewissermaßen aneinander vorbei. Eine ‚Passung' zwischen ihnen ist schwer herzustellen (Bosch 1998; Mergen 2001; Ganz et al. 2014; Wilhelm 2003; Koch-Straube 2003). Die Pflege und Betreuung von Personen mit Demenz erfolgt deswegen nicht selten in einem institutionalisierten und gesellschaftlich akzeptierten „sozialen Schutzbereich"[1] (Schockenhoff/Wetzstein 2005, S. 263). Diese gesellschaftliche Exklusion findet auch vor dem Hintergrund ethischer und moralischer Dilemmata statt. Angesichts einer strukturellen und konzeptuellen Alternativlosigkeit wählen pflegende Angehörige und Bezugspersonen diese Exklusion geradezu als Ausweg aus der hohen Beanspruchung und Belastung.

---

1 Gemeint sind hier häusliche, ambulante und stationäre Settings.

Der Gesetzgeber reagiert mit den aktuellen Pflegestärkungsgesetzen auf die künftigen Versorgungsbedarfe von Personen mit Demenz und fördert damit Möglichkeiten der gesellschaftlichen Inklusion. Auch Vertreterinnen und Vertreter der Pflegewissenschaft befassen sich mit der Frage, wie sich ein professioneller Umgang mit Personen mit Demenz darstellt. Zentral für professionelles Handeln in der Pflege von Personen mit Demenz ist die „stellvertretende Deutung" der je individuellen Situation einer Person (Hülsken-Giesler 2008; Friesacher 2008). Diese Deutung sollte im Interesse der Person mit Demenz geschehen (Raven 2006; Weidener 2003; Oevermann 1996) und unter Wahrung ihrer „Autonomie der Lebenspraxis" erfolgen (Behrens 2005, S. 118). Das Recht auf Selbstbestimmung und der Schutz der Person mit Demenz stellen die Akteure in der Pflegepraxis vor große Herausforderungen und mitunter vor scheinbar unlösbare Aufgaben (Kotsch/Hitzler 2013). In diesem Zusammenhang schrieb das Bundesministerium für Gesundheit und Soziale Sicherung (BMGS, seit 2005 BMG) bereits 2003 ein Forschungsvorhaben aus mit dem Ziel, „standardisierte Rahmenempfehlungen zur Weiterentwicklung und Sicherung einer qualifizierten Pflege für demenziell Erkrankte" zu entwickeln.

1.1 Person mit Demenz und Person-Zentrierung

Personen mit Demenz verfügen über individuelle Ausdrucksformen, die es zu deuten gilt. So ist nach letztem Kenntnisstand davon auszugehen, dass ihre Handlungen bedeutungserfüllt und durchaus situationsangemessen sein können (Honer 2011d; Re 2003; Sabat/Harré 1994). Personen mit Demenz sind bis in die Spätstadien der Demenz hinein zu sinnhafter Kommunikation fähig und in der Lage, sich durch nonverbale Ausdrucksformen wie Mimik, Gestik, Blickkontakt, Haltung oder Stimmhöhe (Seidl et al. 2012; Re 2003; Sabat/Cagigas 1997, Goldsmith 1996) mitzuteilen. Bis in die späten Stadien der Demenz lassen sich verschiedenste Gefühlszustände erkennen (Kontos 2004; Bär/Kruse/Re 2003; Magai/Cohen/Gomberg 2002; Magai et al. 1999). Geht es darum, die Äußerungen und das Verhalten einer Person mit Demenz sinnverstehend zu deuten, ist besonders die Haltung beim Wahrnehmen und Beobachten bedeutsam (Gans et al. 2014). Neuropathologische Veränderungen können zwar Verhaltensprobleme hervorrufen, doch es darf nicht unberücksichtigt bleiben, dass Verhaltensweisen von Personen mit Demenz durchaus Reaktionen auf bestimmte soziale Umweltbedingungen sind, die sie als ungünstig wahrnehmen. Somit können wir ihr Verhalten nicht ausschließlich auf neuropathologische Veränderungen beziehen. Daher ist es wichtig, der sozialen Dynamik zwischen professionell Pflegenden und Personen mit Demenz besondere Aufmerksamkeit zu widmen (BMG

2007; James/Sabin 2002; Sabat 2002a; Sabat 2002b; Downs 2000; Sabat 1998; Sabat/Cagigas 1997; Sabat 1994; Sabat/Harré 1994; Kitwood 1993; Bohling 1991; Kitwood 1990; Lyman 1989). Als besondere Herausforderung zeigt sich dabei der Umgang mit Personen, deren Verhalten sich demenzbedingt so stark verändert hat, dass es von Menschen in deren Umwelt als problematisch oder ‚störend' empfunden wird: Es gilt als *herausforderndes Verhalten*[2]. Die interdisziplinäre Expertengruppe, welche die Rahmenempfehlungen zum Umgang mit herausfordernden Verhaltensweisen bei Personen mit Demenz in der stationären Altenhilfe erarbeitete, „einigte sich auf den Begriff ‚herausfordernd', weil dieser Begriff Verhaltensweisen kennzeichnet, die die Umgebung herausfordern, die also auch bestimmte Anforderungen an das Verhalten der Pflegenden stellen. Außerdem umgeht dieser Begriff die a priori Festlegung des Verhaltens als intrinsisch" (BMG 2006, S. 14). Es ist zu vermuten, dass viele dieser sogenannten *herausfordernden* Verhaltensweisen für die Betroffenen die häufig einzigen verbliebenen Ausdrucksweisen sind, um ihre Bedürfnisse, ihre Wünsche oder ihren Leidensdruck mitzuteilen (James 2013; Urselmann 2013; Halek/Bartholomeyczik 2012; Cohen-Mansfield 2012; Stechel et al 2007, Höwler 2007; Stokes 2000). Je nach Studienlage weisen ca. 60–90 % der Personen mit Demenz, die in einer Langzeitpflegeeinrichtung leben, *herausfordernde* Verhaltensweisen auf (Hardenacke/Bartholomeyczik/Halek 2011; Holle et al. 2011; Schäufele et al. 2008; Selbæk/Kirkevold/Engedal 2007; Zuidema/Koopmans/Verhey 2007; Brodaty et al. 2001; Margallo-Lana et al. 2001). Diese evozieren bei den Personen mit Demenz selbst und bei ihren Pflegepersonen erhebliche Stresssituationen (Schmidt et al. 2012; Bird/Moniz-Cook 2008). Es ist zu konstatieren, dass bis dato keine allgemein anerkannte, grundlegende Definition vorliegt, die *herausforderndes Verhalten* bei Personen mit Demenz beschreibt. Allgemein gilt *herausforderndes Verhalten* als ein kulturell abweichendes Verhalten, welches von solcher Intensität, Häufigkeit oder Dauer gekennzeichnet ist, dass die physische und psychische Sicherheit der Person oder anderer Personen darunter leidet und somit das soziale Miteinander beeinträchtigt ist (James 2013; Bartholomeyczik/Holle/Halek 2013; Halek/Bartholomeyczik 2006).

Professionell Pflegende nehmen gehäuft extrovertierte Handlungs- und Verhaltensweisen wie Eigen- und Fremdaggressionen, vokale Disruptionen, Unruhe, Rastlosigkeit, repetierende Fragen sowie Aussagen wahr. Es han-

---

2   Das Bedürfnisgesteuerte Verhaltensmodell von Algase et al. (1996) und Kolanowski (1999) stellt einen Versuch dar, die potentiellen Auslöser – die unbefriedigten Bedürfnisse – zu bündeln und zu strukturieren. Auch nach Cohen-Mansfield/Werner sind die ‚Auslöser' für herausforderndes Verhalten auf konzeptioneller, institutioneller, innerpsychischer, medizinischer sowie auf der Pflege- und Betreuungsebene zu finden (1998).

delt sich um Verhaltensweisen, die sich oft in einer Endlosschleife befinden und somit zum Handeln herausfordern (Halek/Bartholomeyczik 2012; Cohen-Mansfield 2012; Höwler 2007). Hingegen gelten Personen mit passiven, apathischen Handlungs- und Verhaltensweisen nicht als *herausfordernd* und werden nicht als belastend wahrgenommen bzw. beschrieben. Im Gegenteil – Pflegende erleben introvertierte Verhaltensweisen als ‚angenehm‘ bzw. als ‚angepasst‘. Dadurch bleibt soziales oder pflegerisches Handeln oftmals aus (Leone et al. 2013; Colling 1999). Personen mit Demenz benötigen ihre Routinen, ihre Rituale und somit auch ihre stereotypen Handlungs- und Verhaltensweisen. Diese tragen zur Orientierung und Selbstaktualisierung bei. Somit stellen sie gewissermassen eine Selbstmanagementstrategie dar. Der Übergang zur Eigen- und Fremdgefährdung ist aber oft fließend und bedarf einer verstehenden, phänomenologischen Diagnostik (Friesacher 2008; Friesacher 1999). Es ist festzustellen, dass extrovertierte wie auch introvertierte Handlungs- und Verhaltensweisen von Personen mit Demenz Konstrukte darstellen, die eine lebensweltorientierte Pflegepraxis einfordern.

Da es derzeit und in absehbarer Zukunft scheinbar nicht möglich ist, Demenz als ‚Krankheit‘ kurativ zu behandeln (Alzheimer Disease International 2013), rekurrieren personzentrierte Ansätze darauf, Konzepte zur Förderung, Aufrechterhaltung und Stabilisierungen des Wohlbefindens und der Lebensqualität von Personen mit Demenz anzuwenden. Sie haben das Ziel, die Progression des Demenzverlaufs[3] zu beeinflussen. Seit einigen Jahren ist daher ein verstärktes Bemühen zu erkennen, nicht nur medikamentöse, sondern auch pflegerische, nichtmedikamentöse Versorgungskonzepte

---

3 Das entwicklungsbezogene Modell von Tessa Perrin/May/Anderson (2008) setzt voraus, dass Personen mit Demenz im Verlauf ihrer Krankheit bis zu vier Phasen durchlaufen, in denen sie eine quasi rückläufige Entwicklung vollziehen. Am Beginn steht die sogenannte Reflexionsphase, darauf folgen die symbolische und die sensomotorische Phase, abschliessend die Reflexphase. Den zunehmend eingeengten Möglichkeiten der Personen mit Demenz gilt es mit jeweils spezifischen Pflege- und Betreuungsformen zu begegnen, um ein Maximum an Wohlbefinden für sie zu erreichen. Ob zu diesen Betreuungsformen auch die hier untersuchten konkreten Umgangsformen zählen, sollte mit dem Projekt EMOTi-KOMM untersucht werden. Beschrieben sind auch abgestufte Selbstbestimmungsfähigkeiten von Personen mit Demenz. Diese Fähigkeiten reichen je nach Demenzstadium von einer vollen Entscheidungs- und Einwilligungsfähigkeit (z. B. Reflexionsphase) über eine eingeschränkte, nur graduell vorhandene Einwilligungsfähigkeit mit vielerlei Mitwirkungsmöglichkeiten (z. B. symbolische und sensomotorische Phase) bis zu einer immer mehr eingeschränkten Einwilligungsfähigkeit mit zunehmend schwer entschlüsselbaren Selbstäußerungen (z. B. Reflexphase). Hieraus resultiert, dass auf jeder Stufe der Entwicklung von Personen mit Demenz immer noch Kompetenzen des Verstehens, des Bewertens und der Selbstäußerung vorhanden sind, wenn auch auf einem zunehmend eingeengten und instabilen Niveau.

bzw. Therapien im Umgang mit *herausfordernden Verhaltensweisen* zu erproben und zu implementieren (Savaskan et al.; 2014; Palm et al. 2013, DGPPN 2009; DEGAM 2008). Zu solchen nichtmedikamentösen Interventionen zählen umgebungsbezogene Ansätze wie die Milieutherapie sowie Konzepte, die direkt bei Personen mit Demenz ansetzen und beispielsweise kognitiv, verhaltenstherapeutisch, emotions- oder aktivitätsorientiert ausgerichtet sind. Zu nennen sind hier das Realitätsorientierungstraining (ROT), das verhaltenstherapeutische Kompetenztraining, die Validationstherapie sowie aktivierende oder beruhigende sinnes- und bewegungsbezogene ‚Behandlungen' wie Snoezelen, Aromatherapie oder Therapie mit Tieren. Es ist zu konstatieren, dass zu den genannten Verfahren kein eindeutiger und somit überzeugender *Wirkungsnachweis* vorliegt (Dickson et al. 2012; IQWIG 2009; Rieckmann et al. 2008; NICE 2006; Gräsel/Wiltfang/Kornhuber 2003). Dies ist sicherlich auch vor dem Hintergrund einer nichtpassenden und eher einseitigen forschungsmethodologischen Verortung zu betrachten, welche die Komplexität der individuellen Interventionen und Situationen in der Pflege und Begleitung von Personen mit Demenz außer Acht lassen (Reicherts/Wils 2015; Bartolomeyczik/Halek 2011). Zukünftig bedarf es (auch) eines verstehenden Zugangs, mit dem subjektive Sichtweisen der Handelnden erschlossen und interpretiert werden können (Hitzler 2015; Höhmann/Bartholomeyczik 2013).

Man könnte argumentieren, dass ein Teil der allseits bekannten Problemsituationen gar nicht erst auftreten würden, wenn man mit Personen mit Demenz auf eine Weise umgehen würde, die ihnen angemessen ist. Verstehensschwierigkeiten würden sich reduzieren und insbesondere das Problem des *herausfordernden Verhaltens* würde nur noch selten auftreten (Wingenfeld/Seidl 2008; BMG 2007; Halek/Bartholomeyczik 2006). Folgerichtig müssten dann auch Konfliktsituationen, die sich aus *herausforderndem Verhalten* ergeben, eine verminderte Rolle spielen. An dieser Stelle setzen in der Fort- und Weiterbildung populäre Konzepte zur Pflege und Betreuung von Personen mit Demenz an. Diese orientieren sich an den verbalen, non-verbalen sowie para-verbalen Äußerungen der Personen mit Demenz sowie an ihren Bedürfnissen. Sofern ‚Verhaltensauffälligkeiten' als Folge einer sozialen oder räumlichen Umgebung entstehen, gilt es, die Umgebungsgestaltung und Kommunikation entsprechend den Fähigkeiten und individuellen Bedürfnisse von Personen mit Demenz zu verbessern. Dabei weisen insbesondere die sogenannten emotionsorientierten Pflegekonzepte die Gemeinsamkeit auf, dass sie sich als *personzentrierte Pflege* verstehen. Sie gehen auf die emotionalen Bedürfnisse von Personen mit Demenz in besonderem Maß ein, beobachten sie in ihrem Demenzverlauf, reflektieren deren Bedürfnisse und begegnen ihnen wertschätzend (Rieckmann et al. 2008, S. 16). Hierbei versuchen Pflegende sich auf die jeweilige Person mit Demenz ‚einzulassen', statt sie an allgemeinen Normalitätsvorstellungen zu orientieren oder korrigierend einzugreifen. Das Ziel besteht darin, das Selbstwertgefühl sowie das emotionale Wohlbefinden der jeweiligen Person mit Demenz bestmöglich zu fördern und dabei deren individuell verbliebene Ausdrucks- und Kommunikationsformen zu berücksichtigen. Auf die individuellen Bedürfnisse und Fähigkeiten antworten die Pflegenden mit wertschätzender und emotionsorientierter sozialer Interaktion.

1.2 Ziel und Fragestellung

Die „Rahmenempfehlungen zum Umgang mit *herausforderndem Verhalten* bei Personen mit Demenz in der stationären Altenpflege" des BMG (im Folgenden als ‚Rahmenempfehlungen' bezeichnet) empfehlen das *‚Validieren*'[4] sowie die *‚Basale Stimulation*'. Diese beiden Ansätze gehören zu jenen Maßnahmen, deren Effektivität nach Aussage der Expertengruppe nicht oder nicht eindeutig belegt ist (BMG 2006, S. 91, 107). Das Konzept der Integrativen Validation (IVA) nach Nicole Richard und die Basale Stimulation nach Bienstein und Fröhlich erheben den Anspruch, im pflegerischen Umgang mit Personen mit Demenz positive Effekte zu erzielen – sowohl für die Betroffenen als auch für die Pflegenden. Durch den Einsatz gezielter kommunikativ-interaktiver Methoden soll bei Personen mit Demenz eine Verbesserung der verbalen und nonverbalen Kommunikationsfähigkeiten erreicht werden. Bei Pflegenden soll der Methodeneinsatz eine erhöhte Arbeitszufriedenheit bewirken (Rieckmann et al. 2008; BMG 2006; Richard 2007; Bienstein/Fröhlich 2010). Sowohl Integrative Validation als auch Basale Stimulation sind der emotionsorientierten Pflege als Methode der nichtmedikamentösen pflegerischen Interventionsmaßnahmen zuzurechnen. Die Basale Stimulation ist zudem im Bereich der aktivierenden oder beruhigenden sinnesbezogenen sensorischen Maßnahmen zu verorten. Beide Konzepte sind jeweils durch eine „wertschätzende, akzeptierende Grundhaltung" (BMG 2006, S. 88) gekennzeichnet.

Vor diesem Hintergrund steht die ethnographische Erkundung der Interaktion und Kommunikation zwischen professionell Pflegenden, Betreuenden und Personen mit Demenz im Mittelpunkt des Forschungsvorhabens

---

[4] Das *Validieren* steht in den ‚Rahmenempfehlungen' als Oberbegriff für insgesamt drei verschiedene Formen der Validation: (1) Validation bzw. Validations-Therapie nach Naomi Feil, (2) Integrative Validation nach Nicole Richard sowie (3) erlebensorientierte Pflege nach Cora van der Kooij (BMG 2006, S. 88 ff.).

EMOTi-KOMM[5]. Unser Ziel ist hierbei, diese beiden Verfahren in ihrer Umsetzung, Anwendung und Wirkung im Pflege- und Therapiealltag mit wissenschaftlichen Methoden zu untersuchen. Unsere Aufmerksamkeit richtet sich auf Interaktionen zwischen Personen mit Demenz die *herausfordernde Verhaltensweisen* zeigen sowie auf professionell Pflegende, die in Integrativer Validation und Basaler Stimulation geschult sind. Mit dieser Fokussierung möchten wir nicht das Arbeitsfeld und die darin Handelnden bewerten. Es geht uns darum, Alltagspraktiken und -konzepte zu erheben bzw. zu rekonstruieren, welche dazu beitragen könnten, das Geschehen rund um die Umsetzung und Anwendung von Integrativer Validation und Basaler Stimulation zu verstehen.

Die vorliegende Studie ist daher der Versuch, die Interaktions- und Kommunikationsstrategien beider Gruppen (Personen mit Demenz und Mitarbeitende) zu erforschen und insbesondere deren Wirklichkeit bezüglich der beiden emotionsorientierten Verfahren – so wie sie von ihnen erfahren und angewendet werden – sichtbar werden zu lassen. Hieraus leiten sich die nachfolgenden wissenschaftlichen Zielsetzungen und Forschungsfragen ab:

- Handelt es sich um vermittelbares Handlungswissen, das im pflegerischen Alltag auf den Einzelfall (hier: Verhalten von Personen mit Demenz) anwendbar ist und eine bessere Pflege ermöglicht (im Sinne professionellen Handelns)?
- Lassen sich aus den Konzepten und deren Anwendung Rückschlüsse ziehen in Form von verallgemeinerbaren Aussagen?
- Wie kommen die Konzepte der Integrativen Validation und der Basalen Stimulation zum Einsatz und welche Wirkung erzielen die einzelnen Interventionen? Wie lassen sich Verstehensschwierigkeiten, insbesondere Phänomene des *herausfordernden Verhaltens* und somit Konfliktsituationen reduzieren bzw. verhindern?
- Welche Forschungsmethoden sind geeignet, um Erkenntnisse zu den genannten Zielkriterien sowie zusätzliches Deutungswissen zur Wahrnehmungswelt von Personen mit Demenz und zu deren Eigenwelterleben zu generieren?

Um diese Fragen zu beantworten, haben wir die vorliegende Studie als qualitative Fallstudie angelegt. Es sollten Fallvergleiche und Fallkontrastierun-

---

5   SILQUA-Projekt: EMOTi-KOMM – „Wirkungsanalyse emotionsorientierter Kommunikationsansätze in der Betreuung von Menschen mit Demenz in institutionellen Pflegesituationen". Leitung: Prof. Dr. Helma M. Bleses; Prof. Dr. Daphne Hahn (bd. Hochschule Fulda). Gefördert durch das Bundesministerium für Bildung und Forschung (BMBF) in der Förderrichtlinie SILQUA-FH 2010, Förderkennzeichen: 17S04X09.

gen durchgeführt werden, um Relevanzen, Varianzen, Heterogenitäten und insbesondere Wirkungen auf die jeweils angewandten Konzepte zu analysieren. Dabei war die Frage nach der wissenschaftlichen Erschließung von stadienspezifischen, emotionsorientierten, pflegerischen Handlungsweisen und Handlungsstrategien im Umgang mit Personen mit Demenz in der stationären und teilstationären Langzeitpflege zu stellen. Mit Hilfe der gewonnenen Untersuchungsergebnisse möchten wir einen empirisch begründeten Beitrag zur Frage der Professionalisierung der Pflege leisten.

Unserer Einschätzung nach ist es dem Projekt EMOTi-KOMM gelungen, wichtige Erkenntnisse über die Art und Weise zu gewinnen, wie Integrative Validation und Basale Stimulation zur Anwendung kommen. Es war möglich, Zugang zu *anderen* Umgangsformen in der Betreuung von Personen mit Demenz in institutionellen Pflegesettings zu gewinnen. Einige der Forschungsfragen konnten wir beantworten. Allerdings machten wir im Verlauf der Untersuchung eine überraschende Erfahrung: Die zu untersuchenden emotionsorientierten Ansätze der IVA und der Basalen Stimulation sahen wir während der Beobachtungen im Feld nicht in einer Art und Weise angewendet und umgesetzt, wie es den Konzepten inhaltlich und methodisch entspricht. Auch in den als *Anwender-Einrichtungen* klassifizierten Häusern konnten wir die zu untersuchenden Ansätze entweder gar nicht oder zumindest nicht so beobachten, wie es den (Schulungs-)Konzepten entspricht. Wir konnten demnach nicht zu allen unserer Forschungsfragen etwas aussagen. Dies wirkte sich auf das geplante methodische Vorgehen aus. Wir beabsichtigten ursprünglich, die Studie mittels Fallvergleichen und Fallkontrastierungen durchzuführen. Stattdessen rückte immer mehr die Frage in den Vordergrund, aus welchen Gründen sich der Transfer von der Theorie in die Praxis als schwierig erwies.

Kapitel 2
Integrative Validation und Basale Stimulation

2.1 Integrative Validation nach Nicole Richard

Anfang der 1990er Jahre hat die Pädagogin und Psychogerontologin Nicole Richard die Integrative Validation als pragmatische Methode des Umgangs und der Kommunikation mit Personen mit Demenz entwickelt. Seitdem gilt Validation als „einer der Stützpfeiler der Demenzbetreuung" (BMG 2006, S. 89). Richard bezeichnet die Integrative Validation als „Weiterentwicklung der Validation nach Feil" (Richard 2010a, S. 6). Deshalb ist es sinnvoll, zunächst Naomi Feils Ansatz zu skizzieren.

1963 begann Naomi Feil als Sozialarbeiterin im Montefiore-Altersheim in Cleveland mit desorientierten, sehr alten Menschen zu arbeiten. In diesem Rahmen entstand das Validationskonzept. Über die Anfänge schreibt Feil:

> „Ursprünglich wollte ich diesen desorientierten Menschen helfen, der Realität ins Auge zu sehen und ihnen im Rahmen einer Gruppe Kontaktmöglichkeiten schaffen. Im Verlauf von drei Jahren erkannte ich die Aussichtslosigkeit meines Unterfangens: Jede Person war in ihrer eigenen inneren Erlebniswelt gefangen. Sie reagierte auf die anderen Gruppenmitglieder nur dann, wenn Gefühle sondiert und in Erinnerung gebracht wurden; Musik stimulierte den Gruppenzusammenhang und das Wohlbehagen. Ich gab das Ziel der Orientierung auf die Realität auf, als ich bemerkte, dass die Gruppenmitglieder sich immer dann zurückzogen oder zunehmend feindselig wurden, wenn ich sie mit der unerträglichen Realität der Gegenwart konfrontierte" (Feil/de Klerk-Rubin 2005, S. 13).

Mit diesen Sätzen stellt Feil den Hintergrund und den Grundgedanken der Validation dar: Ihr Versuch, sehr alte Menschen, die sie als „desorientiert" bezeichnet, an der Realität zu orientieren, stösst an Grenzen. Sie stellt sogar fest, dass sich dieser Versuch negativ auswirkt. Indem Feil sich von der Realitätsorientierung abwendet, vollzieht sie nichts weniger als einen Bruch mit dem zu dieser Zeit dominierenden Therapieansatz zur Betreuung von Personen mit Demenz. Van der Kooij (2004, S. 62ff.) beschreibt die 1960er und 1970er Jahre als eine Zeit des therapeutischen Optimismus hinsichtlich der Betreuung von Personen mit Demenz. Dies bezieht sich nicht nur auf neue Psychopharmaka, sondern vor allem auf die damalige Einschätzung, psychiatrische Patienten sozialtherapeutisch behandeln zu können. Zu den wichtigsten Personen dieser Zeit gehörten nach Ansicht van der Kooijs die Psychiater Taulbee und Folsom. Sie entwickelten die Methode der Realitätsorientierung als Kombination von Kognitvismus und Behaviorismus. Möglichst häufige Konfrontation mit der ‚objektiven' Realität sollen ein Abgleiten in Verwirrungszustände und ein Sich-Zurückziehen in die eigene Welt verhindern. Im Realitätsorientierungstraining (ROT) konfrontieren betreuende Personen Menschen mit Demenz mit Daten über die äußere Realität und stellen ihnen Fragen. Beantworten sie diese nicht realitätsbezogen, erfolgt eine Korrektur der jeweilige Aussage und des ‚fehlerhaften' oder ‚unangemessenen' Verhaltens. In den 1970er Jahren entwickelten Psychologen das ROT weiter, Holden und Woods vervollständigten es in den 1980er Jahren. Van der Kooij beschreibt, dass die Ergebnisse dieses Trainings anfangs vielversprechend waren und sich das Konzept ab den 1960er Jahren stetig weiterentwickelte. Allerdings macht sie drauf aufmerksam, dass es kaum wirklich ‚Demenzbetroffene' waren, „die wieder in die Gesellschaft zurückgingen" (ebd. S. 64). Zu jener Zeit war die Diagnostik der Demenz noch nicht sehr fortgeschritten.

Vor dem Hintergrund dieses kurzen historischen Abrisses ist es interessant und beeindruckend, dass sich Feil bereits in den 1960er Jahren von der Realitätsorientierung abwandte, obgleich diese noch lange Zeit ein beherrschender Ansatz bleiben sollte. Statt Personen mit Demenz an der Realität zu orientieren, sprach Feil sie auf der Gefühlebene an. Sie erkannte ihre Eigenwelt an und beließ sie in ihrer inneren Erlebniswelt. Mit diesem Ansatz kann Feil als eine Wegbereiterin jener neueren personzentrierten Ansätze gelten, die zu der Einsicht gelangen, dass Kontakt, Wertschätzung, Kommunikation und Beziehung die maßgeblichen Herangehensweisen in der Betreuung und Pflege von Personen mit Demenz sein sollten (Kitwood 2008, S. 87 ff.; van der Kooij 2005, S. 65; Morton 2002, S. 37 ff.).

Jemanden zu validieren bedeutet nach Feil, „seine Gefühle anzuerkennen, ihm zu sagen, dass seine Gefühle wahr sind. Das Ablehnen von Gefühlen verunsichert den anderen. In der Methode der Validation verwendet man Einfühlungsvermögen, um in die innere Erlebniswelt der alten, desorientierten Person vorzudringen. Einfühlungsvermögen – ‚in den Schuhen des anderen gehen' – schafft Vertrauen. Vertrauen schafft Sicherheit, Sicherheit schafft Stärke. [...] Validationsanwender haben die Signale des älteren Menschen aufzugehen und in Worte zu kleiden. So validieren sie ihn und geben ihm seine Würde zurück" (Feil/de Klerk-Rubin 2005, S. 15).

Feil versteht die Validation als eine „Kombination" aus „einer grundlegenden, einfühlsamen Einstellung", einer „Entwicklungstheorie für alte, mangelhaft/unglücklich orientierte und desorientierte Menschen" sowie als eine „spezifische Technik, die diesen Menschen hilft, ihre Würde wiederzugewinnen" (ebd.).

Auf die Entwicklungstheorie dieses Ansatzes sowie auf dessen durchaus anspruchsvolle Technik möchten wir hier nicht weiter eingehen. Es ist uns jedoch wichtig, an dieser Stelle auf die Rezeption des Validationsansatzes nach Feil zu verweisen. Ihrer Herangehensweise war eine stetige wachsende Aufmerksamkeit beschieden. Feils Standardwerk „Validation – Ein Weg zum Verständnis verwirrter Menschen", erscheint in Deutschland bereits in der 10. Auflage. Mit ihren Vorträgen und Veranstaltungen zur Validation füllt Feil bis heute mühelos größere Hallen auf internationalem Parkett. Validation nach Feil gilt als ein Konzept, das „aus der Praxis für die Praxis" (Erlemeier 2002, S. 234) entstand. Sie selbst erklärte während eines Workshops: „Zuerst war die Praxis da. Die Theorie kam später" (Morton 2002, S. 67). Möglicherweise ist es auf die starke Praxisverankerung der Validation zurückzuführen, dass dieses Konzept, „vor allem beim Pflegepersonal, das täglich mit demenzkranken hochbetagten Bewohnern arbeitet, eine begeisterte Aufnahme" fand. Dies könnte daran liegen, dass „das ‚missing link' in der Kommunikation mit Dementen gesucht und in der Validation gefunden wurde" (Erlemeier 2002, S. 233). Mit mehr Skepsis und Kritik rezipierten jedoch akademische Fachvertreter der verschiedenen gerontologischen Disziplinen die Validation. Sie nahmen sie sogar „in der Regel nicht zur Kenntnis [...], weil es ihr an Wissenschaftlichkeit mangelt" (ebd., S. 234). Die wissenschaftliche Kritik richtet sich vor allem auf Feils Auffassung, dass „verwirrtes" Verhalten unausgetragene Konflikte bewältigt und kein hirnphysiologisches Krankheitssymptom darstellt. Diese Grundannahme Feils gilt als widerlegt (Grond 2009, S. 113). Darüber hinaus entzündet sich die akademische Kritik vor allem daran, dass Validation „kein(en) Weg zum Verständnis alter verwirrter Menschen darstellt, sondern im Gegenteil nur ein Konglomerat aus empirisch nicht haltbaren Konstrukten, Strategien und Techniken bildet [...]" (Lind 2002; Clees/Eierdanz 1996). Morton konstatiert ähnlich wie Lind einen „Mangel an Substanz, Zusammenhalt und Einheit in den theoretischen Schriften" (Morton 2002, S. 102). Kitwood weist als Vertreter des personzentrierten Ansatzes sicherlich in vielen Punkten eine deutliche Nähe zu Feil auf, insbesondere was die wertschätzende und akzeptierende Grundhaltung gegenüber Personen mit Demenz anbelangt. Dennoch erklärt Kitwood, dass „der von ihr gelieferte theoretische Rahmen nicht sehr stark ist" (Kitwood 2008, S. 88). Der von akademischer Seite geäußerten Kritik, Feils Konzept beruhe auf theoretischem Eklektizismus und ihre Zielgruppe sei nur unbestimmt definiert (Elfner 2008, S. 92), ist unseres Erachtens kaum zu widersprechen. Feil untermauert ihr Konzept überwiegend mit theoretischen Ansätzen, die keine starke empirische Fundierung und Überprüfbarkeit aufweisen. Dadurch dürften kritische Anmerkungen gegenüber dem theoretischen Fundament der Validation zusätzliches Gewicht gewinnen. So begründet Feil ihre Thesen und Anschauungen zum großen Teil durch Hinweise auf verschiedene psychoanalytische Theorieansätze, insbesondere auf Erik Erikson. Sie bezieht sich auch auf die Arbeiten prominenter Vertreter der humanistischen Psychologie wie Carl Rogers oder Abraham Maslow sowie auf bereits mehrere Jahrzehnte alte gerontopsychiatrische und neurologische Forschungen.

Nicole Richard bezeichnet die Integrative Validation als Weiterentwicklung der Validation nach Feil. Mittlerweile gelten die Validation nach Feil und die Integrative Validation nach Richard – wie bereits erwähnt – als „Stützpfeiler der Demenzbetreuung" (BMG 2006, S. 89). Dies verweist zu Recht darauf, dass diese Konzepte inzwischen im deutschsprachigen Raum weite Verbreitung erfahren haben. Zwar grenzt Richard ihr Konzept in wesentlichen Punkten von Feil ab, andererseits gibt es jedoch auch unübersehbare Gemeinsamkeiten. Richard teilt zwar ausdrücklich nicht Feils theoretische Grundannahme, die „Verwirrtheit sehr alter Menschen" sei auf missglückte und missglückende Versuche zurückzuführen, im hohen Alter Lebenskonflikte aufzuarbeiten. Dennoch teilt sie den Feil'schen Grundansatz, Personen mit Demenz nicht zu korrigieren und sie nicht an der Realität zu orientieren, sondern ihre Persönlichkeit und ihre innere Erlebenswelt ernst zu nehmen, sie wertzuschätzen, auf der Gefühlsebene anzusprechen und stellvertretend für sie Gefühle auszusprechen. Dabei stellt die Integrative Validation nach Richard unserer Wahrnehmung nach weniger eine Weiterentwicklung, sondern vielmehr eine Vereinfachung der Validation nach Feil dar. Dies bezieht sich auf das methodische Vorgehen in der praktischen Umsetzung, nicht jedoch auf die Aufforderung, Personen mit Demenz mit einer wertschätzenden, akzeptierenden, d.h. validierenden Grundhaltung zu begegnen. Richard versteht die Integrative Validation dezidiert nicht als eine Therapie. Feil hingegen spricht ausdrücklich von „Validationstherapie". Anwenderinnen und Anwender der Integrativen Validation sollen – im Gegensatz zur Validation nach Feil – weder Fragen stellen, noch Äußerungen von Personen mit Demenz inhaltlich interpretieren. Sie sollen auch nicht auf symbolische Gehalte ihrer Äußerungen achten und diese entschlüsseln, um dadurch bei der Bewältigung von Lebenskonflikten zu helfen. Unerledigte Lebensaufgaben zu bearbeiten, ist ausdrücklich kein Ziel der Integrativen Validation. Auch müssen Anwenderinnen und Anwender nicht die verschiedenen Phasen der Desorientiertheit berücksichtigen (Richard 2010).

Das wichtigste methodische Grundprinzip der Integrativen Validation besteht darin, dass (negative) Gefühle stärker zum Vorschein kommen, wenn Mitmenschen sie nicht erkennen oder sie nicht ernst nehmen, beispielsweise, indem sie mit Beschwichtigung und Ablenkung reagieren oder versuchen, die Person mit Demenz an der ‚Realität' zu orientieren. Nach Richard ist es deshalb wichtig, negative Gefühle von Personen mit Demenz wahrzunehmen, zu deuten und stellvertretend für diese auszusprechen, damit diese „ausfließen"[6] können. Dieses Vorgehen kann nach Richard in wenigen Schritten, quasi „im Vorübergehen" erfolgen und ist in den Alltag integriert. Es kann *herausfordernden Verhaltensweisen* vorbeugen oder eine direkte Intervention in einer akuten Situation bzw. Krise ermöglichen. Ein solches Vorgehen verstärkt nach Ansicht von Richard positive Gefühle und trägt so zu gesteigertem Wohlbefinden von Personen mit Demenz bei. Das folgende Beispiel kann das Grundprinzip der Integrativen Validation in der praktischen Umsetzung verdeutlichen (Richard 2014, S. 57):

Ausgangslage:
Eine Bewohnerin mit Demenz beschuldigt eine andere Person, ihr Geld gestohlen zu haben: „Du hast mir 50 Mark geklaut"!

I. Schritt:
Wahrnehmen des Gefühls oder eines Antriebs: Wut, Zorn, Ärger, Misstrauen, Verzweiflung, Hilflosigkeit, Angst, Gerechtigkeitssinn, Ordnungssinn.

II. Schritt:
Validation des wahrgenommenen Gefühls oder des Antriebs in wenigen sogenannten validierenden Sätzen:

„Sie sind sehr wütend, nicht wahr?"
„Sie haben eine ganz schöne Wut im Bauch."
„Da kann einem der Kragen platzen."
„Wem soll man noch trauen?"
„Man kann ja niemandem mehr trauen!"
„Sie sind sehr enttäuscht."
„Es ist zum Verzweifeln!"
„Es geht ungerecht zu in dieser Welt."
„Das alles kann einem Angst machen."

---

6 Es handelt sich hierbei um den so genannten *Paradoxalen Effekt*: „Wenn ein Gefühl nicht wahrgenommen wird, hat es die Tendenz, sich *stärker* zu äußern, z. B. Trauer, Wut. Das gilt auch für viele Antriebe (Eigenwille, Kontrolle). Wenn ein Gefühl wahrgenommen, erkannt, benannt wird, kann es sich *auflösen,* es kann ausfließen (,der Wind wird aus den Segeln genommen'). Das gilt auch für Antriebe. Das heißt, auch ,störende, belastende' Gefühle könne sich auflösen, wenn wir in der Lage sind, sie zu *akzeptieren,* sie *wertzuschätzen,* ihnen Gültigkeit auszusprechen! Angenehme Gefühle und Antriebe werden *lebendiger*" (Richard: IVA-Aufbaukurs Teil I, Arbeitsblatt S. 18, Institut für Integrative Validation, Hervorhebung. im Original).

III. Schritt:
Einbinden in allgemeine Redewendungen, Sprichwörter, Lieder oder Lebensweisheiten (Allgemeines Validieren):

„Trau, schau, wem."
„Vorsicht ist die Mutter der Porzellankiste."
„Was Recht ist, muss Recht bleiben."

IV. Schritt:
Erarbeiten des Lebensthemas sowie berufsbezogener Antriebe und Schlüsselwörter.

Diese Aspekte sind erneut wie in Schritt I und II zu validieren. Das Lebensthema lässt sich als Überbegriff verwenden. Es ist möglich, Schlüsselwörter einzubinden. Anschließend soll ein Handlungsangebot zum Lebensthema oder ein an der Krise orientiertes Angebot erfolgen (Richard 2011).

Anwenderinnen und Anwender der Integrativen Validation sollen nach diesem Vorgehen das wahrgenommene Gefühl verbal, nonverbal sowie körpersprachlich kongruent spiegeln und bestätigen (validieren). Dabei ist es wichtig, eine authentische Sprache zu benutzen, nicht auf Inhalte einzugehen und keine Fragen zu stellen. Ein Gespräch soll nicht länger als fünf bis zehn Minuten andauern (Richard ohne Datum; Richard 2014, S. 63).

Ein Vorgehen, das die Aufregung der Bewohnerin zu beschwichtigen versucht, davon ablenken oder an der Realität orientieren möchte, würde nicht dem Grundgedanken und der Methode der Integrativen Validation entsprechen. Dies gilt beispielsweise für die Aussage, niemand habe Zugang zum Zimmer der Bewohnerin, nur sie selbst. Deshalb könne ihr kein Geld gestohlen worden sein. Dieses Beispiel sollte lediglich das methodische Grundprinzip der Integrativen Validation in seiner praktischen Anwendung verdeutlichen. Es handelt sich ausdrücklich nicht um eine erschöpfende Darstellung dieses Ansatzes. Integrative Validation umfasst weitere methodische ‚Instrumente', beispielsweise die ‚Ritualisierte Begegnung' oder Handlungsanleitungen bei sogenannten ‚Energieschüben'. Diese Instrumente sind unseres Erachtens als Variationen des dargestellten Grundprinzips anzusehen (vgl. Schritte I–IV).

Die Integrative Validation basiert auf einer wertschätzenden Grundhaltung, „bei der Anerkennung, Respekt und die Ich-Identität der Menschen mit Demenz im Mittelpunkt" (Richard 2009, S. 1) stehen. Wesentlich ist auch eine „Umgangs- und Kommunikationsweise mit den an Demenz erkrankten Personen" (ebd., S. 1), die bestimmte Effekte auf Personen mit Demenz, auf Begleitpersonen sowie Pflege- und Betreuungsprozesse haben (Richard 2004, S. 15).

Effekte hinsichtlich des Erlebens der Personen mit Demenz: Sicherheit, ruhige Atmosphäre, Zugehörigkeitsgefühl, Vermittlung von personaler Identität und Selbstwertgefühl; Verminderung von Stress und Angst; Förderung der Kontakt- und Beziehungsaufnahme zu Anderen, häufigere Augenkontakte, wacheres Hier-Sein, Regulieren von „Gefühlsausbrüchen".

Effekte hinsichtlich des Erlebens der begleitenden Personen: Deutlichere Strukturiertheit der Handlungen (auch im Team); weniger Berührungsängste (auch mit Krisensituation); genauere Wahrnehmung und Einschätzung der Personen mit Demenz; leichterer Umgang mit „Anders-Sein"; deutlichere Bezüge zur Lebensgeschichte; stärker personenbezogenes Arbeiten; Wertschätzen intuitiver Fähigkeiten.

Effekte hinsichtlich des Pflege- und Begleitungsprozesses: Biographische Gespräche lassen sich leichter über Schlüsselwörter eröffnen; temporäre Energieschübe und persönliche Rituale sind integrierbar; Unterstützung der ressourcenorientierten Haltung und der Ergebnissicherung im Teamaustausch; Einbindung von Angehörigen.

Wissenschaftliche Evidenz zur Validation

Basale Stimulation und Integrative Validation beruhen auf ministeriellen Empfehlungen (BMG 2006), obwohl für beide Ansätze keine wissenschaftliche Evidenz besteht. Die Autoren der ‚Rahmenempfehlungen' verweisen hinsichtlich der Integrativen Validation sogar darauf, dass eine „klare Umschreibung" (ebd., S. 89) dieses Konzepts fehle. Entsprechend ist an dieser Stelle zu konstatieren, dass zur Integrativen Validation nach Richard bislang noch keine Publikationen in Fachzeitschriften mit Peer-Review-Verfahren vorliegen (Erdmann/Schnepp 2012, S. 582). Es gibt lediglich kurze Beschreibungen des Konzepts in verschiedenen Fachzeitschriften für professionell Pflegende. Nicole Richard hat sie überwiegend selbst verfasst und weist gelegentlich anhand von ein oder zwei Fallbeispielen auf positive Effekte der Integrativen Validation hin (Richard 2011; Richard 2010a; Richard 2010b; Richard 2006a; Richard 2006b; Richard 2006c; Richard 2002; Richard 2001; Richard 2000; Sorkale 1997; Richard 1994a; Richard 1994b). Eine qualitative Studie untersucht Möglichkeiten eines Kompetenztransfers von einem „Modellhaus" auf zwei „Transferheime". Die Autorinnen beschreiben die Integrative Validation als Teil der Pflegekultur des „Modellhauses" neben Basaler Stimulation, Kinaesthetics, Musiktherapie, Musikalischer Begleitung, Milieutherapie sowie Ergotherapie (Brinker-Meyendrisch/ Erdmann 2011). Im Ergebnis stellen sie auf der Grundlage von Interviews mit Mitarbeitenden im Modellheim einige der von Richard ausgeführten positiven Effekte fest. Jedoch bemerken sie auch, dass die Integrative Validation in bestimmten Situationen an Grenzen stößt.

Obwohl sich Richard in mehreren Punkten von Feil abgrenzt, möchten wir an dieser Stelle dennoch auch einen Blick auf den Forschungsstand zur Validation nach Feil richten. Erdmann und Schnepp (2012) konnten als Ergebnis einer systematischen Literaturrecherche insgesamt 53 Studien zur Validation nach Feil im Zeitraum zwischen 1980 und 2011 ermitteln. Hierbei handelte es sich um randomisiert-kontrollierte Studien, Vorher-Nachher-Studien, Health-Technology-Assessments (HTA), Fallstudien, systematische Übersichtsarbeiten und theoretische Arbeiten. Zusammenfassend halten Erdmann und Schnepp fest, dass nur wenige Studien vorhanden sind, welche die Wirksamkeit von Validation nach Feil belegen (ebd., S. 593). Dickson et al. (2012) schließen in einem systematischen Literaturüberblick über sieben nicht-pharmakologische Interventionen im Umgang mit neuropsychiatrischen Symptomen und *herausfordernden Verhaltensweisen* bei Personen mit Demenz auch die Validationstherapie mit ein. Die Autoren resümieren (ebd., S. 17): „Regardless of study quality, validation therapy was not found to be effective in improving behavioural outcomes. No significant evidence of effect was found for reducing irritability, aggression or improving other types of neuropsyciatric outcomes, according to the results of seven trials reported across six reviews." Von allen untersuchten Interventionen erschien einzig „Validation Therapy to be ineffective" (ebd., S. 1). Grundsätzlich kritisieren die Autoren, dass für die große Mehrheit der untersuchten nichtmedikamentösen Interventionen die Evidenz nicht eindeutig bzw. beweiskräftig („inconclusive") war.

Vor diesem Hintergrund ist es beachtlich, dass die Validation nach Feil seit mehreren Jahrzehnten von Pflegefachpersonen der Altenpflege mit so großem Erfolg rezipiert wird und die Autoren der ‚Rahmenempfehlungen' das Konzept als einen „Stützpfeiler" der Demenzbetreuung bezeichnen, obwohl bislang nicht genügend Hinweise aus randomisierten Studien vorliegen. Auch für die Integrative Validation existieren bisher keine ausreichenden Hinweise aus randomisierten Studien, die eine Aussage über die Wirksamkeit erlauben (Neal/Barton-Wright 2003).

2.2 Basale Stimulation nach Bienstein und Fröhlich

Bei der Basalen Stimulation[7] handelt es sich ursprünglich um ein Förderkonzept aus dem Bereich der Sonderpädagogik. Andreas Fröhlich entwi-

---

7   Von dem lat. basal = grundlegend, voraussetzungslos und stimulatio (Anreiz, Anregung).

ckelte es Mitte der 1970er Jahre im Rahmen eines Schulversuchs. Die Basale Stimulation aktiviert die Wahrnehmungsbereiche und regt primäre Körper- und Bewegungserfahrungen an. Sie umfasst Angebote für Menschen, deren Eigenaktivität aufgrund mangelnder Bewegungsfähigkeit eingeschränkt ist und deren Fähigkeit zur Wahrnehmung und Kommunikation erheblich beeinträchtigt ist. Dies gilt beispielsweise für schwerstmehrfachbeeinträchtigte Menschen, Schädel-Hirn-Traumatisierte sowie Menschen mit hemiplegischem, apallischem oder komatösem Syndrom. Mit einfachsten Möglichkeiten versucht Basale Stimulation, Kontakt zu diesen Menschen aufzunehmen, um ihnen den Zugang zu ihrer Umgebung und ihren Mitmenschen zu ermöglichen (Fröhlich 2008). Christel Bienstein hat dieses Konzept in Zusammenarbeit mit Andreas Fröhlich in den Pflegebereich übertragen. Dabei entwickelten sie „Schwerpunkte des pflegerischen Handelns" und vermitteln diese in den Fort- und Weiterbildungskursen zur „Basalen Stimulation in der Pflege": „Das Liegen erleben, den Körper wahrnehmen, belebende und beruhigende Ganzkörperwäsche oder auch die Atemstimulierende Einreibung" (Bienstein/Fröhlich 2010, S. 107 ff.). Pflegende stimulieren diese „Schwerpunkte" jeweils, indem sie verschiedenste Wahrnehmungsbereiche aktivieren, beispielsweise durch Berührung, vibratorische und vestibuläre Erfahrungen oder auch audiorhythmische, orale, visuelle und taktile Erfahrungen (ebd., S. 40 ff.). Basale Stimulation in der Pflege verfolgt das Ziel, mit wahrnehmungs- und bewegungsbeeinträchtigten, schwerstpflegebedürftigen PatientInnen bzw. BewohnerInnen in Kontakt zu kommen und ihnen Lebensqualität in Form von Wohlbefinden zu ermöglichen.

Basale Stimulation lässt sich als ein sich stetig weiterentwickelndes Konzept beschreiben. Insbesondere durch das so genannte „3-P-Modell" zeigte sich das Konzept in seinem frühen Selbstverständnis als eine Art Reiz-Reaktions-Modell in einem durchaus deterministischen Sinne. Es ging darum, Kinder mit einer schweren pränatalen Hirnschädigung vor einer postnatalen sensorischen Deprivation und einer hiermit einhergehenden zweiten deprivationsbedingten Hirnschädigung durch Stimulation zu bewahren (Ackermann 2007, S. 3). In späteren Veröffentlichungen macht Fröhlich jedoch dezidiert darauf aufmerksam, dass es sich bei der Basalen Stimulation um „keine Methode" und um „keine Technik" handle, sondern um ein Konzept, dem eine „gedankliche Annäherung an die Probleme und Schwierigkeiten sehr schwer beeinträchtigter Menschen" zugrunde liege (Fröhlich 2008, S. 10). Bei Basaler Stimulation geht es nicht darum, Menschen mit schweren Beeinträchtigungen „in bestimmte Schemata zu zwingen" und „typische Verläufe" nachzuvollziehen. Ebenso wenig strebt Basale Stimulation an, standardisierte „Übungen" zu absolvieren (ebd.). Aus diesen Charakterisierungen lässt sich eine Öffnung des Konzepts herauslesen, die auch für den Transfer in die Pflege ab den 1990er Jahren gelten kann. In „Basale

Stimulation in der Pflege – Die Grundlagen" heißt es: „Es geht also nicht darum, eine fest definierte Methode zur Anwendung zu bringen" (Bienstein/Fröhlich 2010, S. 29). Eine physiologische Ausrichtung der Basalen Stimulation ist nach wie vor vorhanden, insofern das Konzept die Anregung von Stimulationsfeldern betont. Dies zeigt sich nicht zuletzt an den jeweiligen Techniken und Maßnahmen, die in den Kursen „Basale Stimulation in der Pflege" erlernbar sind. Seit etwa Mitte der 1990er Jahre erfolgt jedoch verstärkt eine Fokusverlagerung auf Kommunikations- und Beziehungsaspekte. Fröhlich spricht seither von einem „Dialogaufbau" mit dem betroffenen Menschen über dessen Wahrnehmungsebenen. Er redet vom „somatischen Dialog" (Werner 2002, S. 37), von Sinnstiftung, die im Dialog erfolgt sowie von Sinn und Sinnlichkeit, die in den Dialog einfliessen sollen. Es ist die Rede von „dyadischer Begegnung", vom Gedanken einer „heilsamen Pädagogik" und von Basaler Stimulation als „Grundidee menschlicher Beziehung" (ebd., S. 59). Das Konzept der Basalen Stimulation weist eine große Nähe zur Integrativen Validation auf, insofern es ebenfalls Anwenderinnen und Anwender dazu auffordert, eine bestimmte Einstellung bzw. Haltung gegenüber den Personen der Zielgruppe einzunehmen. Ebenso wie in den beiden hier vorgestellten Validationsformen geht es auch in der Basalen Stimulation darum, mit PatientInnen bzw. BewohnerInnen zu kommunizieren und in Beziehung zu treten. „Das gemeinsame Handeln" soll von „gegenseitiger Wertschätzung und Respekt" geprägt sein (Fröhlich/Nydahl 2008, S. 4) sowie auf „Ganzheitlichkeit" beruhen (Bienstein/Fröhlich 2010, S. 9). Dabei widerspiegelt sich die Ausrichtung des Konzepts nicht in den „einzelnen Maßnahmen, die die Wahrnehmungsbereiche stimulieren oder beruhigen", wie Bienstein und Fröhlich betonen (ebd., S. 78).

Wissenschaftlichen Evidenz der Basalen Stimulation

Bei der pflegewissenschaftlichen Forschung zur Basalen Stimulation handelt es sich, zumindest in der Zeit vor 2007, „hauptsächlich um Studien, die von Absolventen des Pflegefachseminars in der BRD, der Höheren Fachweiterbildung II in der Schweiz oder um Grundlagenarbeiten, die von Pflegewissenschaftlern erarbeitet wurden. Das Niveau der Arbeiten ist uneinheitlich, einige erreichen wissenschaftliches Niveau, andere bewegen sich auf der Ebene präwissenschaftlicher Erkenntnisse" (Bienstein/Fröhlich 2010, S. 238). Teilweise liegen auch Arbeiten vor, die „vor der Öffnung der Hochschulen" entstanden sind. Dabei handelte es sich zumeist um „Abschlussarbeiten im Rahmen der Weiterbildungen", die sich jeweils mit einzelnen pflegerischen Handlungen beschäftigten (ebd., S. 239). Konkret erwähnen Bienstein und Fröhlich (2010, S. 227 ff.) in ihrem Grundlagenwerk „Basale Stimulation in der Pflege" im Kapitel zu den Forschungsergebnissen lediglich einige Studien, die das Konzept „indirekt unterstützen", beispielsweise Untersuchungen zum Erleben von Patienten auf Intensivstationen (Salomon 1991), zur Bedeutung der Musik beim Aktivieren komatöser Patienten (Gustorff 1992) oder zum Schlaferleben von Intensivpatienten (Pinkert 2002). Genannt sind auch Studien zu Auswirkungen einzelner Pflegehandlungen, deren Effekte in der Tendenz, insbesondere hinsichtlich bestimmter medizinischer Parameter, als jeweils positiv beschrieben werden. Diese Wirksamkeitsstudien untersuchen jedoch nur „einzelne Techniken", wobei das Gesamtkonzept unberücksichtigt bleibt (Nydahl/Bartoszek 2012, S. 267). Nydahl (2007, S. 496 ff.) führt dies darauf zurück, dass Basale Stimulation in der Pflege aufgrund der hohen Komplexität und Reichweite des Konzepts als schwer erforschbar gelten kann. Aussagekräftige Studien über die Bedeutung und Wirksamkeit der Basalen Stimulation, die wissenschaftlichen Ansprüchen im Sinne randomisiert-kontrollierter Studien genügen könnten, liegen nicht vor. Dies gilt auch in Bezug auf Personen mit Demenz und hinsichtlich der Gesamtausrichtung des Konzepts. Insofern ist es lediglich möglich, auf Studien zu verweisen, die einzelne Aspekte der Basalen Stimulation berücksichtigen. So konnten beispielsweise Baker et al. (1997) für sensorische Stimulation (Snoezelen) in einem randomisiert-kontrollierten Studiendesign für zwei von vier Zielkriterien positive Interventionseffekte auf Personen mit Demenz beschreiben. In weiteren Studien zur sensorischen Stimulation (Snoezelen) konnten Baker et al. (2001; 2003) jedoch keine Unterschiede zwischen der Interventions- und der Kontrollgruppe feststellen (vgl. auch Rieckmann et al. 2008).

Zusammenfassend ergibt sich, dass zur Basalen Stimulation nach Bienstein und Fröhlich noch keine ausreichend belegte wissenschaftliche Evidenz vorhanden ist.

Kapitel 3
Forschungsdesign

3.1 Methodenpluralität im Forschungsfeld

Die noch weitestgehend unerforschten Phänomene der „dementiellen Welterfahrungen" (Honer 2011a, S. 138) erkunden und entdecken zu wollen, scheint eine mitunter unlösbare methodische Herausforderung zu sein. Forschende stoßen hier auf nicht unerhebliche Validationsprobleme. Dies ist dadurch bedingt, dass Personen mit Demenz vermeintlich den Bezug zur gemeinsamen Lebenswelt verloren haben und in ihrer – für Außenstehende konfus wirkenden – „je eigenen Lebenswelt" (ebd., S. 138) leben. Es ist daher nicht per se von einer intersubjektiv geteilten lebensweltlichen Wirklichkeit auszugehen[8].

Die Asymmetrie in der Kommunikation und Interaktion von „normalen, hellwachen Erwachsenen" (Honer 2011a, S. 139) und Personen mit Demenz scheint sich mit dem Fortschreiten der Erkrankung auf zeitlicher, räumlicher wie auch sozialer Ebene zu verstärken. Entsprechend liegt der vorliegenden Studie ein sinnverstehender Ansatz zugrunde (Hitzler 2015). Sie rekurriert auf ein ethnographisches Vorgehen. Auch im ethnographischen Forschungsprozess können wir diese konfus erscheinende Lebenswelt nur partiell *teilen*. Es ist kaum möglich, die Perspektive einer Person mit Demenz zu übernehmen. Wie „Zaungäste" explorieren die Forschenden die lebensweltlichen „Wissensvorräte" (Honer 2011b, S. 17). Dabei kommen sie nach Honer (2011a, S. 138) zu einer pseudo-phänomenologischen Beschreibung des Erlebens von Personen mit Demenz. Als „Zaungäste" sind sie nur teilweise involviert und somit ‚Randständige'. Dennoch ergeben sich bei ihrem Versuch, das Forschungsfeld und die darin lebenden Akteure über einen längeren Zeitraum kennenzulernen, Situationen und Prozesse, die von Interesse sind.

Honer (2011c, S. 27; 1993, S. 34ff.) bezeichnet das ethnographische Vorgehen als „hemdsärmelige Praxis", die sich bei der unkonventionellen Felderschließung am Diktum der Grounded Theory „all is data" (Glaser 2001, S. 145; Glaser/Strauss 1967) orientiert. Dieser offene, unstrukturiert erscheinende Feldeinstieg setzt eine wissenssuchende Haltung voraus, die das eige-

---

[8] Mit ihrer ethnographischen Studie zeigt Harnett (2014) auf, dass Personen mit Demenz durchaus ‚untereinander' eine geteilte Wirklichkeit herstellen.

ne Alltags- und pflegerische Fachwissen möglichst zurückzustellt, um sich somit „absichtsvoll dumm" zu verhalten (Honer 2011c, S. 37; Hitzler 1991). Auf diese Art und Weise können Forschende vorsichtig, umsichtig und nachsichtig erkunden, was den anderen, für den sie sich interessieren, wichtig ist. Dieses erfordert eine methodenplurale Forschungspraxis, die wir nachfolgend vorstellen.

Im Sinne der methodenpluralen Praxis nutzen wir die Verfahren der *teilnehmenden Beobachtung*, der *beobachtenden Teilnahme*, der *Videographie* sowie der *situativen Gespräche* bzw. *Interviews* (Hitzler/Gothe 2015; Tuma/Schnettler/Knoblauch 2013; Honer 2003; Honer 1993). Die Forschungsgruppe hat insgesamt sieben vollstationäre und eine teilstationäre Langzeitpflegeeinrichtung, die sich strukturell und konzeptuell unterscheiden, in die Studie eingeschlossen. Alle Einrichtungen befinden sich in Hessen. Involviert waren vier Wohnbereiche mit segregativen sowie integrativen Merkmalen[9], die nach den emotionsorientierten Konzepten der Basalen Stimulation und/oder der Integrativen Validation arbeiten. Hierbei handelt es sich um sogenannte *Anwender-Einrichtungen*. Zur Kontrastierung wurden auch Wohnbereiche einbezogen, die nicht nach dem Ansatz der emotionsorientierten Pflege arbeiten, die sogenannten *Nicht-Anwender-Einrichtungen*[10].

---

9   Beim segregativen Ansatz haben Einrichtungen einen Wohn- und Lebensbereich etabliert, in welchem Personen mit Demenz von anderen Bewohnenden getrennt betreut werden. Im Unterschied dazu ist bei der integrativen Versorgung keine räumliche Trennung im Zusammenleben von Personen mit Demenz und anderen Bewohnenden vorgesehen.

10 In den *Nicht-Anwender*-Einrichtungen ging es insbesondere darum, zu erkunden, welche Handlungsmöglichkeiten und Strategien die Beobachteten intentional nutzen, um schwierige und herausfordernde Pflegesituationen zu verhindern bzw. damit umzugehen. Des Weiteren dienten die Daten dazu, folgende Fragen zu klären: Welches Selbstverständnis haben die Mitarbeitenden im Umgang mit Personen mit Demenz? Welche Motivation und Überlegungen liegen ihren Handlungen zu Grunde? Auf welches Hintergrundwissen greifen sie bei ihren Handlungen zurück – auch in Bezug auf personzentriertes Arbeiten? Welche Bedeutung messen sie dem Geschehen bei? Zudem galt es zu prüfen, inwiefern organisatorische und strukturelle Rahmenbedingungen einen Einfluss auf ihre Handlungen und ggf. auf die Umsetzung der emotionsorientierten Verfahren und der personenorientierten Pflege haben. Weitere wichtige Frage lauteten: Welche Bedeutung hat ihre Arbeit für sie? Welche Probleme sehen sie? Welche Wünsche und Vorschläge formulieren sie, um die Situation der zu betreuenden Person mit Demenz und ihre eigene Situation zu verbessern? Ob Integrative Validation und Basale Stimulation dabei von Bedeutung sein könnten und was die Mitarbeitenden unter den beiden Verfahren verstehen, war hierbei auch Teil der Erkundungen.

3.2 Datenerhebung und Auswertung

Die Feldaufenthalte begannen zunächst mit unspezifischen *teilnehmenden Beobachtungen* über einen Zeitraum von zwei Wochen, um die Handlungsweisen und Handlungsstrategien der Mitarbeitenden unter verschiedenen Perspektiven zu beobachten. Sämtliche Zeiträume konnten wir in die Datenerhebung einschliessen – auch jene, die nicht durch tagesstrukturierende Tätigkeiten gekennzeichnet waren. Dies war möglich, da wir Pflegende und Mitarbeitende anderer Professionen zu unterschiedlichen Tageszeiten beobachteten. Das grundsätzlich identisch verlaufende Forschungsvorgehen auf den acht unterschiedlichen Wohnbereichen variierte in Abhängigkeit von aufkommenden empirischen Fragen, Erkenntnissen und Hypothesen. Die Forschenden wechselten zwischen *teilnehmender Beobachtung* und *beobachtender Teilnahme*: Demnach gab es einen Wechsel von der schlichten Anwesenheit als stiller Beobachter in öffentlichen Räumen (z. B. in der Lobby und im Speisebereich) zur Übernahme von Pflegehandlungen im privaten Raum der beobachteten Person (z. B. Anreichen von Mahlzeiten, Begleitung zur Toilette und zum Austausch mit anderen Bewohnenden in pflege- und betreuungsfreien Zeiten). Ziel war es, Handlungsschemata wie Arbeits- und Funktionsweisen, Interaktionsprozesse, Routinen und Strategien der Pflegenden im Umgang mit Personen mit Demenz zu identifizieren und vorherrschende Struktur- und Rahmenbedingungen zu erkennen[11]. Durch die beobachtende Teilnahme bzw. die „Mit-Arbeit" (Honer 1989) sowie durch die Teilnahme am Alltag der Mitarbeitenden und Bewohnenden sollte eine Vertrautheit im Sinne eines ‚nicht mehr Fremd-Seins' entstehen.

Auf der Grundlage dieser Beobachtungen erfolgten das Sampling und die anschließenden *Einzelfallbeobachtungen*. Dabei fand auch eine Orientierung an den Aussagen der Mitarbeitenden statt, wenn diese eine Person mit Demenz als besonders *schwierig* und/oder *herausfordernd* bezeichneten. Hierüber sollten Umgangs- und Verhaltensweisen sowie Strategien der Mitarbeitenden gegenüber den ausgewählten Bewohnerinnen und Bewohnern ersichtlich werden. Über die *Einzelfallbeobachtungen* hinaus fanden *Videoaufnahmen* statt, um die zuvor ‚nur' beobachteten Situationen[12] als Datum

---

11 Zusätzlich sichteten wir alle verfügbaren und für uns zugänglichen Dokumente der in die Studie eingeschlossenen Personen. Von Interesse war hierbei insbesondere auch die schriftliche Darstellung der zuvor beobachteten Situationen und inwiefern Pflegende Integrative Validation oder Basale Stimulation als Handlungsmöglichkeiten dokumentierten.

12 Obwohl anzunehmen ist, dass gezielte Interaktionssituationen nicht antizipierbar sind, war durch die zuvor durchgeführten Beobachtungen mit und ohne Kamera eine gewisse Kontinuität im Auftreten von konfliktträchtigen Interaktionsprozessen und bestimmten

für eine detaillierte Analyse des Zusammenspiels von verbalen und nichtverbalen Aspekten der Interaktion zu generieren und zu fixieren (Tuma/Schnettler/Knoblauch 2013; Schubert 2006; Knoblauch 2001; Heath/Luff 1992). Diese Daten konnten so durch ihre Permanenz in einem räumlich und zeitlich unabhängigen Analyseprozess von einem erweiterten Forschungsteam ausgewertet werden. Dadurch war eine (höhere) Intersubjektivität gewährleistet.

Über die praktische Teilnahme am Pflege- und Betreuungsalltag hinaus, führten wir immer wieder *situative Gespräche*[13] mit den Mitarbeitenden, mit den teilnehmenden Personen mit Demenz sowie mit deren Angehörigen. Dieses Vorgehen trug wesentlich dazu bei, das Feld und die dortigen Gegebenheiten besser kennenzulernen und zu verstehen (Poferl/Reichertz, 2015).

Um auch das explizierbare Hintergrundwissen und die subjektiven Sichtweisen jener Mitarbeitenden rekonstruieren zu können, die wir zuvor beobachtend und videographierend begleitet hatten, führten wir mit ihnen *Interviews*[14] durch. Dabei wollten wir herausfinden, welche Bedeutung die Befragten ihren zuvor beobachteten Handlungen beimessen und welche Rolle die beiden emotionsorientierten Verfahren sowie die personzentrierte Pflege dabei spielt.

Die Auswahl der Fälle und die Erstellung der Aufzeichnungen erfolgten nach dem Prinzip des „Theoretical Sampling" im Sinne der Grounded Theory (Strauss 1994, S. 70 ff.; Strauss/Corbin 1996). Die Datenauswertung lehnte sich gleichfalls an die Methode der Grounded Theory an.

Mit dem ‚Einstieg ins Feld' begann die Erhebung von Daten. Das Pendeln zwischen der Datenerhebung und deren Interpretation erfolgte iterativ als Dialog zwischen dem Forschungsteam und den Personen im Forschungsfeld. Die Datenerhebung mit der Verschriftlichung[15] der Beobachtungen

---

Verhaltensformen identifizierbar. Diese Erkenntnisse – formuliert als Hypothesen und weiterführende Forschungsfragen – bestimmten die Auswahl der zu videographierenden Situationen maßgeblich.

13 Es handelt sich um Gespräche, die in bestimmten, konkreten Situation zustande kommen, ohne vorher (wie im Interview) geplant, zielgerichtet strukturiert, initiiert oder abgestimmt zu sein. Möglich sind beispielsweise Gespräche „auf dem Weg", „am Tisch", „bei Pflegesituationen", „Flurgespräche" oder Gespräche „zwischen Tür und Angel" etc.

14 In einigen Fällen war es möglich, das Interview direkt im Anschluss an die beobachtete Interaktion durchzuführen. Den Leitfaden für die ethnographischen Interviews haben wir mit Blick auf die Forschungsfragen und die bis dato im Rahmen dieser Forschungsarbeit gesammelten Erkenntnisse, Hypothesen und weiterführenden Fragen entwickelt. Ziel war es, den Interviewpartnern trotz themengeleiteter Struktur jene Offenheit zu gewährleisten, die für unsere Methodologie typisch ist (Hopf 2000).

15 Zu den Feldnotizen haben wir am Ende eines Beobachtungstages ein umfassendes Beobachtungsprotokoll oder Memo erstellt. Wir formulierten erste weiterführende Gedanken

fand in Form von Beobachtungsprotokollen und Transkriptionen der Interviews statt.

Um konzeptuelle Ansätze im empirischen Material zu entdecken und zu benennen (Mey/Mruck 2009, S. 118; Böhm 2007, S. 30), wurde das entsprechende Datum zu Beginn der Interpretation durch offenes Kodieren „aufgebrochen"[16]. Vermutungen und Hypothesen zur Konzeptualisierung und zur Ausdifferenzierung in Eigenschaften und Ausprägungen haben wir mit einem heuristischen Ansatz als Annahmen und Fragen formuliert. Weitere Überlegungen, die sich aus der Interpretation ergaben, notierten wir ebenfalls. Dieser prozesshafte Charakter erlaubte es, schrittweise Annahmen zu überprüfen und Konzepte zu präzisieren (Böhm 2007, S. 27 ff.).

Um eine maximale Kontrastierung zu erreichen, erfolgte die Datenerhebung zunächst in vier *Nicht-Anwender-Einrichtungen*. Im weiteren Untersuchungsverlauf sammelten wir Daten in jeweils zwei *Anwender-Einrichtungen*. Das methodische Vorgehen in der Vorbereitungs- und Erhebungsphase war jeweils identisch. Insgesamt haben wir 53 Personen (vier bis sieben Personen je Feldphase) mit einer diagnostizierten Demenz in die Studie aufgenommen. Bei der Mehrzahl der Personen lag eine degenerative Demenz vom Alzheimertypus in unterschiedlicher Ausprägung vor.

3.3 Limitation und Herausforderungen im Forschungsprozess

Der Studie EMOTi-KOMM liegt somit ein qualitatives und an der Ethnographie ausgerichtetes Studiendesign zugrunde. Hierfür gibt es gute Gründe. Nur durch eine größtmögliche Offenheit für die zu untersuchenden Phänomene und die daran beteiligten Akteure ist es möglich, „von innen heraus" zu einem besseren Verständnis sozialer Wirklichkeit(en) beizutragen (Flick/von Kardoff/Steinke 2009, S. 14). Wichtig war uns auch, Kontextfaktoren in den Forschungsprozess zu integrieren. Durch diese Eigen-

---

und Hypothesen, stellten Kontextfaktoren dar und versuchten Interaktionssituationen, nonverbale und emotionale Reaktionen sowie Aussagen der Akteure und Akteurinnen möglichst realitätsnah zu beschreiben. Darüber hinaus haben wir auch eigene Empfindungen der Forscherin und des Forschers während der Beobachtungen festgehalten. Alle Dokumente, die uns zu den beobachteten Personen vorlagen, haben wir gesichtet und forschungsrelevante Informationen in unsere Analyse miteinbezogen. Zur Organisation, Archivierung und Analyse des umfangreichen Datenkorpus haben wir alle verschriftlichten Dokumente in ein computerunterstütztes Programm eingespeist.

16 Der Datenkorpus umfasst insgesamt 136 Beobachtungsprotokolle und 56 Interviewtranskripte.

schaften gewinnt qualitative Forschung gleichsam ihre besondere Relevanz für die Praxis. Offenheit als Grundhaltung im Forschungsverlauf ist ein zentrales Prinzip qualitativer Forschung. Ebenso gehört sie zu den bestimmenden Merkmalen der Grounded Theory (Mey/Mruck 2009). Im vorliegenden Zusammenhang bedeutet dies, dass die Forschenden mit größtmöglicher Unvoreingenommenheit und Offenheit in die *Welt* der Mitarbeitenden und der Personen mit Demenz eintreten sollten. Um dies zu gewährleisten, haben sich die Forschenden – wie Honer und Hitzler es griffig formulierten – „absichtlich dumm" gestellt (Honer 2011, S. 37). Gleichwohl bringen Forschende unweigerlich ihre je eigenen biographisch und professionell bedingten Vorerfahrungen sowie Wissens- und Theoriebestände in die Felderhebungen mit ein (Mey/Mruck 2009, S. 105). Dieser Umstand führte u. a. auch dazu, dass wir häufiger mit unterschiedlichen Lesarten in Bezug auf die Beobachtungen und das hierzu aufgezeichnete empirische Material konfrontiert waren. Obwohl wir in solchen Fällen versuchten, im Sinne der konsensuellen Validierung und der Intersubjektivität ein Übereinkommen zu erreichen, können – und wollen – die Ergebnisse unserer Untersuchung keine Allgemeingültigkeit beanspruchen. Dieses ‚Limit' ist einerseits der qualitativen Forschung gleichsam inhärent, andererseits stellt es eine Selbstverständlichkeit dar. Dennoch soll es an dieser Stelle ausdrücklich Erwähnung finden.

Worin bestanden im konkreten Fall die Herausforderungen, die sich den qualitativ und ethnographisch Forschenden unmittelbar im Feld und im Forschungsprozess zeigten? Wir möchten hier zunächst unsere Beobachtungserfahrungen aufgreifen:

Während der Feldaufenthalte waren die Forschenden immer wieder damit konfrontiert, dass einige Mitarbeitende – mehr oder weniger offen – ihr Unbehagen darüber äußerten, während ihrer Arbeit beobachtet zu werden. Hier waren vor allem Ängste bzw. Befürchtungen von Seiten der Mitarbeitenden zu verspüren, ihr Handeln und Verhalten werde ‚kontrolliert' und ihr Umgang mit den Bewohnenden ‚beurteilt'. Entsprechend sahen sich die Forschenden herausgefordert, solche Verunsicherungen und Ängste durch Gespräche abzubauen und das Vertrauen der Mitarbeitenden zu gewinnen. In diesem Kontext erwies sich die *Videographie* als besonders herausfordernd. Bereits vorhandene Unsicherheiten verstärkten sich durch diese Art der Beobachtung teilweise noch. Denn hierdurch liess sich das Verhalten der Mitarbeitenden nicht nur beobachten, sondern zusätzlich in Bild und Ton festhalten und dokumentieren[17]. Dies führte dazu, dass wir in zwei der

---

17 Eine weitere Herausforderung hinsichtlich der Videographie im Forschungsprozess zeigte sich darin, dass diese Beobachtungsmethode dazu verführt, im Feld sehr schnell eine gro-

besuchten Wohnbereiche keine videographischen Beobachtungen durchführen konnten. Grundsätzlich ist während des gesamten Forschungsprozesses immer auch die Frage zu berücksichtigen, ob und wie authentisch sich Mitarbeitende unter Beobachtungsbedingungen überhaupt verhalten können. Interessant mag in diesem Zusammenhang auch die Erfahrung sein, dass die jüngere Forscherin bei ihren Beobachtungen tendenziell auf weniger ‚Bedenken' bzw. Verunsicherungen von Seiten der Mitarbeitenden stieß, als ihr älterer Kollege.

Während sich unsere anfänglichen *teilnehmenden Beobachtungen* als weitgehend unproblematisch erwiesen, zeigte sich, dass *nicht-teilnehmende Beobachtungen* in diesem speziellen Forschungsfeld oftmals nur schwer möglich waren. Wir führen dies insbesondere darauf zurück, dass die Forschenden vielfach – und auch über längere Zeiträume hinweg – die einzigen Personen waren, die sich gemeinsam mit den Bewohnenden in einem Raum aufhielten – in der Regel im Aufenthalts- oder Speisebereich. Dadurch wurden die Forschenden zu Ansprechpartnern für die Bewohnenden mit und ohne Demenz, ihre Angehörigen und Besucher. Auch waren die Forschenden während ihrer Beobachtungen immer wieder dahingehend gefordert, auf wahrgenommene Fremd- und Selbstgefährdungen hin zu intervenieren. Es ging beispielsweise darum, mit Streitsituationen zwischen Bewohnenden konfrontiert zu sein und zu schlichten. *Nicht-teilnehmendes Beobachten* erwies sich auch deshalb als schwierig, da manche Personen mit Demenz – insbesondere die des Samplings – aufgrund der häufigen Präsenz der forschenden Person ein gewisse Nähe und Vertrautheit aufbauten und häufiger aktiv Kontakt zu ihr suchten. Auch die eigene – daraus resultierende Belastung wurde thematisiert, wie in Kap. 4.2.2 gezeigt werden soll.

Eine Herausforderung ganz anderer Art zeigte sich darin, dass die Frage, ob eine Demenz bei einer bestimmten Bewohnerin bzw. einem bestimmten Bewohner überhaupt vorliegt, nicht immer eindeutig zu beantworten war. In einigen, wenn auch wenigen Fällen, lag zwar eine ärztlich dokumentierte Demenzdiagnose vor. Mitarbeitende teilten diese Diagnose jedoch nicht und hielten beispielsweise eine Depression für wahrscheinlicher. Umgekehrt machten wir jedoch auch die Erfahrung, dass Mitarbeitende eindeutig von einer vorliegenden Demenz ausgingen, ohne dass hierzu eine ärztliche Diagnose vorlag. Wir haben es hier also mit unterschiedlichen Deutungsmöglichkeiten und auch Deutungshoheiten zu tun. Ähnlich stellt sich dies

---

ße Menge an Datenmaterial zu erheben. Im anschließenden Auswertungs- und Analyseprozess ist diese Datenmenge jedoch kaum noch zu bewältigen. Insofern wollen wir an dieser Stelle selbstkritisch anmerken, dass bei der Videographie ein sehr gezieltes und strikt ausgewähltes Vorgehen unbedingt anzuraten ist.

für die Frage dar, ob und ab wann ein bestimmtes Verhalten von Seiten einer Bewohnerin bzw. eines Bewohners mit Demenz von Dritten als *herausfordernd* wahrgenommen wird. Dies ist sicherlich eng mit der Frage nach der Ursache *herausfordernder Verhaltensweisen* verknüpft. So mag beispielsweise ständiges Rufen, Schreien oder Hinterherlaufen zunächst als *agitiert* erscheinen. Liegt die Ursache für dieses Verhalten jedoch darin begründet, dass eine Bewohnerin beispielsweise Schmerzen hat oder sie sich von Mitbewohnenden unangenehm bedrängt fühlt, ohne dies jedoch eindeutig mitteilen zu können, so müsste nicht mehr von einem *herausfordernden*, sondern vielmehr von einem *normalen* Verhalten gesprochen werden. In diesem Zusammenhang möchten wir noch ein weiteres Beispiel einbringen: Versuchen sozial kaum beachtete, sich einsam fühlende Menschen, aktiv und nachdrücklich auf sich aufmerksam zu machen, so würden wir dies kaum als *herausfordernd* bezeichnen. Im Kontext der stationären Altenpflege, in der Mitarbeitende – wie wir im Folgenden darstellen werden – jedoch fast reflexhaft dazu neigen, zu ‚beruhigen' und ‚für Ruhe zu sorgen', kann aktiv kontaktsuchendes Verhalten vorschnell als eine Art Devianz und mithin als *herausfordernd* wahrgenommen bzw. etikettiert werden. Die Frage, ob und ab wann ein bestimmtes Verhalten tatsächlich als *herausfordernd* bezeichnet werden kann, ist unserer Beobachtung nach sowohl für die Mitarbeitenden als auch für die Forschenden schwierig zu beantworten. Wie sich zeigte, ist der Forschungsprozess in diesem speziellen Feld in einem nicht geringen Maße von Unsicherheiten und Verunsicherungen vielfältigster Art und Weise geprägt. Nicht zuletzt zeigte sich dies auch bei der Frage der Einschätzung, ob und aufgrund welcher Kriterien eine beobachtete oder geschilderte Intervention noch als Validation oder als Durchführung einer Basalen Stimulation zu verstehen ist. Auch im Nachhinein und selbst in den sogenannten *Anwender-Einrichtungen* war eine wichtige Frage nicht immer zweifelsfrei zu klären: Erfolgten die Handlungsweisen von Mitarbeitenden, die unserer Einschätzung nach Elemente der zu untersuchenden emotionsorientierten Verfahren enthielten, bewusst, d. h. vor dem Hintergrund geschulten Wissens, oder intuitiv? Wir waren beispielsweise auch damit konfrontiert, dass Mitarbeitende in situativen Gesprächen oder Interviews gelegentlich sogar nachdrücklich mitteilten, zu validieren oder Basale Stimulation durchzuführen. Dabei zeigte sich uns jedoch, dass die Tätigkeit, die sie bei dieser Gelegenheit schilderten, kaum oder sogar in keiner Weise den beiden Verfahren entsprach.

Kapitel 4
Ergebnisse

Der Fokus unserer Analyse richtet sich auf Strategien, die professionell Pflegende und Betreuende anwenden, wenn sie mit Personen mit Demenz kommunizieren und interagieren. Dabei geht es uns vor allem darum, zu erkunden, inwiefern Pflegende und Betreuende Integrative Validation und Basale Stimulation im Pflege- und Therapiealltag anwenden und wie Personen mit Demenz darauf reagieren. Wir sind davon ausgegangen, die Anwendung und Umsetzung der beiden zu untersuchenden Verfahren im Forschungsfeld beobachten zu können. Es zeigte sich, dass die emotionsorientierten Verfahren – auch bei den darin geschulten Mitarbeitenden – in der alltäglichen Pflege- und Betreuungsarbeit nicht bzw. nur in stark modifizierter Form angewandt werden. Dadurch bemerkten wir, dass dieses *Nicht-Beobachten-Können* an sich relevant ist. Unsere Aufmerksamkeit richtete sich daher auf die vorgefundenen Arten und Weisen, miteinander zu interagieren und zu kommunizieren. Wir reflektierten deshalb insbesondere mögliche Gründe für das Nicht-Anwenden der beiden erlernten Verfahren.

Im Folgenden stellen wir beispielhafte Auszüge aus Beobachtungsprotokollen dar und interpretieren sie. Auf diese Weise sollen die Anwendung und die Umsetzung der beiden Verfahren sowie die Barrieren deutlich werden. Auf der Grundlage dieser und weiterer interpretativer Erträge von Protokollausschnitten sind wir den Gründen nachgegangen, welche die Diskrepanz erklären könnten, die wir wahrgenommen haben. Diese Diskrepanz besteht grundsätzlich zwischen den konzeptionellen Ansprüchen im Umgang mit Personen mit Demenz und der vorgefundenen Arbeitswirklichkeit.

4.1 Unspezifische teilnehmende Beobachtung: Erste Eindrücke

Die Annäherung an das Feld haben wir sehr offen und ohne vorab festgelegte Vergleichsparameter gestaltet. Es war uns wichtig, uns zu Beginn des Eintritts in das Feld als Forschende ‚einzuführen' und uns zunächst einen ‚ersten Eindruck' zu verschaffen. Erste Impressionen bezogen sich insbesondere auf die Atmosphäre, die Kommunikation und den Umgang der Mitarbeitenden mit Personen mit Demenz sowie auf das emotionale Befinden und die Bedürfnissen der Bewohnenden. Hinzu kamen Einblicke in die Arbeit der Berufsgruppen in einer stationären Altenpflegeeinrichtung.

Anhand zweier Auszüge aus den Beobachtungsprotokollen der ersten Tage möchten wir im Folgenden unsere ersten Eindrücke während der *teilnehmenden Beobachtung* darlegen. Es handelt sich hierbei jeweils um Beobachtungen auf integrierten Wohnbereichen in *Nicht-Anwender-Einrichtungen*.

> *Es fällt auf, dass die Pflegemitarbeitenden sehr wenig Zeit im Aufenthaltsraum verbringen. Meistens sind sie nur anwesend, um die Mahlzeiten anzureichen. Dies geschieht häufig sehr hastig, manchmal sogar halb im Stehen. Eine Kommunikation während des Essenanreichens findet selten statt. Es gelingt den Pflegemitarbeitenden kaum, sich auf das Tempo der einzelnen Bewohner einzulassen. Sind Mitarbeitende außerhalb der Essenszeiten im Aufenthaltsraum, beschäftigen sie sich in der Regel damit, Geschirr aufzuräumen oder abzuwaschen. Meistens kommt es nur dann zu einem Gespräch mit einem Bewohner oder einer Bewohnerin, wenn diese es durch ihr Verhalten „einfordern". Die Pflegemitarbeitenden sind dann in der Regel durchaus freundlich, jedoch auf sehr oberflächliche Weise. Man merkt immer deutlich, dass das Gespräch auf einer persönlichen Ebene mit den Bewohnenden etwas ist, das sie meistens als eher unausweichlich empfinden – so wirkt es zumindest. Alles scheint etwas gehetzt, als könnte man sich jetzt nicht aufhalten lassen, da man sonst die Arbeit nicht schafft. (Auszug 1 Beobachtungsprotokoll: WS ME 180810)*

> *Als Silvia bei der Akte von Herrn Fröbel ist und keine Besonderheiten am heutigen Tag nennen kann, ergreift Gisela (Betreuungsmitarbeiterin) das Wort. Sie meint, dass Herr Fröbel heute zum ersten Mal im „Stübchen" selbst mit der Gabel gegessen habe. Kein Mitglied des anwesenden Pflegepersonals reagiert zunächst erkennbar auf diese Bemerkung. Gisela schaut wieder in ihre Unterlagen, während im Hintergrund eine Pflegefachperson murmelt: „Schön". Ich erlebe die Stimmung im Raum als bedrückend und in Konkurrenz stehend. Dies verursacht ein unbefriedigendes Gefühl in mir. Ich hätte erwartet, dass sich die Mitarbeitenden der Pflege für die Aussage von Gisela interessieren würden und diese doch erfreuliche Nachricht honorieren würden. (Auszug 2 Beobachtungsprotokoll: 100818_HE_TB_BP_CK)*

Explikation zum ersten Protokollauszug

Dieser erste Protokollauszug beschreibt den Eindruck während der Mahlzeiten im Aufenthaltsraum des Wohnbereichs. Es ist erwähnenswert, dass Pflegemitarbeitende nur wenig Zeit im Aufenthaltsraum verbringen. Dabei ist es genau dieser Ort, an dem sich die Bewohnenden mit Demenz am häufigsten und am längsten aufhalten. Nicht wenige verbringen dort ihren gesamten Tag. Dies mag damit zu tun haben, dass sich Personen mit Demenz nicht gerne alleine in ihrem Zimmer aufhalten möchten oder können. Gleichzeit ist der Aufenthaltsraum als zentraler und größter Raum des Wohnbereichs ein Ort, an dem die Bewohnenden mit Demenz für die verantwortlichen Mitarbeitenden immer sichtbar, gleichsam ‚unter Kontrolle' sind. Dass sich die Pflegenden dort nur selten aufhalten, zeigt, dass die Kontakthäufigkeit zu den Bewohnenden gering ist. Zwischen Mitarbeitenden der Pflege und Personen mit Demenz finden Kontakte vor allem dann statt, wenn es hierfür einen funktionalen Anlass gibt, beispielsweise beim Anreichen von Mahlzeiten oder beim Austeilen der Medikamente. Außerhalb des Aufenthaltsbereiches kommt es bei der täglichen Körperpflege oder bei Toilettengängen zu Kontakten. Solange aus funktionalen Anlässen Kontakte nicht erforderlich sind und die Bewohnenden sich ruhig verhalten, suchen Pflegemitarbeitende meist keinen Kontakt. Aufgrund von Verhaltensweisen, welche die Mitarbeitenden als ‚störend' empfinden, beispielsweise wegen eines Streits zwischen Bewohnenden, andauernden Rufens oder Umherlaufens, kommt es zu kurzen, oberflächlichen Kontakten. Die gängigen Strategien der Mitarbeitenden sind darauf gerichtet, abzulenken, zu beschwichtigen und zu vertrösten. Manchmal sind die Kontakte auch durch direktive Aufforderungen geprägt: „Setzen Sie sich bitte wieder auf ihren Platz: Da drüben ist ihr Platz" oder „Später, Frau Sommer. Jetzt trinken Sie erst noch diesen Saft". ‚Störungen' solcher Art, so der Eindruck, empfinden insbesondere Pflegefachpersonen gleichsam als Unterbrechung ihrer Arbeit, die es schnellstmöglich, d. h. ohne größeren Zeitverlust zu beheben gilt.

Explikation zum zweiten Protokollauszug

Im zweiten Ausschnitt zeigt sich, dass die Mitarbeitenden der Pflege auf die Bemerkung einer Betreuungsperson nicht oder nur mit geringem Interesse reagieren. Die einzige Resonanz besteht in einem kurz gemurmelten „schön" einer einzelnen Mitarbeiterin. Die außergewöhnliche „Leistung" von Herrn Fröbel („zum ersten Mal"), die möglicherweise auch auf den Umgang der Betreuungsmitarbeiterin zurückzuführen ist, kommentieren die übrigen Pflegemitarbeitenden überhaupt nicht. Wir sehen hier einen Umgang und eine Kommunikation zwischen professionell Pflegenden und Betreuungspersonen, die auf ein angespanntes Verhältnis hindeuten könnten. Die Formulierung „bedrückend und in Konkurrenz stehend" sagt möglicherweise auch etwas darüber aus, was professionell Pflegende als Arbeit wahrnehmen und als solche anerkennen bzw. wertschätzen.

Bereits während der *unstrukturierten teilnehmenden Beobachtungen* zeigten sich Weisen des Umgangs und der Kommunikation zwischen professionell Pflegenden und Bewohnenden mit Demenz als auch zwischen Mitarbeitergruppen, die wir wie folgt zusammenfassen möchten:

- Aktive Kontaktaufnahmen erfolgen von professionell Pflegenden vor allem als Reaktion auf Verhaltensweisen, die sie als *herausfordernd* empfinden oder wenn Kontakte gleichsam unvermeidbar sind, z. B. bei Mahlzeiten oder bei der Körperpflege.
- Der Umgang und die Kommunikation der professionell Pflegenden mit den Bewohnenden mit Demenz wirken funktional und oberflächlich. Es handelt sich um unnatürliche, desinteressierte, mechanische, flüchtige, kurze Kontakte. Die Kommunikation findet im Stehen oder Vorübergehen statt. Typisch ist die Verwendung von Halbsätzen. Teilweise ignorieren die Pflegenden Äußerungen von Personen mit Demenz oder vertrösten sie.
- Funktionale Aspekte wie Körperpflege, Medikamentengabe oder Dokumentationspflichten nehmen einen hohen Stellenwert im Arbeitsalltag der professionell Pflegenden ein, was sich insbesondere regelmäßig während der Dienstübergaben zeigte.
- Betreuungspersonen verhalten sich vergleichsweise aufmerksamer, zugewandter und persönlicher im Umgang mit den Bewohnenden mit Demenz. Der biographische Erfahrungshintergrund der Betreuungspersonen nach § 87b scheint von Bedeutung zu sein, wenn es darum geht, sich mit Hilfebedürftigkeit im Alter, insbesondere im Zusammenhang mit Demenz, bewusst und gezielt auseinanderzusetzen und sich für diese Personen zu engagieren.

Diese ersten Eindrücke zeigten sich auch in den als *Anwender-Einrichtungen* klassifizierten Häusern. Anschließend bestätigten sie sich weitgehend in den *strukturierten, nicht-teilnehmenden Einzelfallbeobachtungen*. Die Forschenden nahmen überwiegend Interaktions- und Kommunikationsweisen zwischen professionell Pflegenden und Bewohnenden mit Demenz wahr, die Tom Kitwood als „Untergraben des Personseins" (Kitwood 2008, S. 63 ff.) beschrieben hat. Dies mag jedoch nicht überraschen, da bereits pflegewissenschaftliche und soziologische Untersuchungen zu ähnlichen Befunden hinsichtlich der Kommunikation zwischen Pflegenden und Personen mit Demenz gekommen sind (Newerla 2012; Rennecke 2005; Ahrens 2005; Koch-Straube 2003; Sachweh 2000; Gröning 2000). Es war jedoch nicht zu erwarten, dass emotions- bzw. personzentrierte Interaktions- und Kommunikationssituationen zwischen Mitarbeitenden und Bewohnenden mit Demenz auch in den *Anwender-Einrichtungen* eher eine Ausnahme darstellten.

Hinsichtlich der Bedürfnisse, die auf Seiten der Bewohnenden mit Demenz beobachtbar waren, zeigten sich insbesondere Wünsche nach persönlicher Begegnung im Sinne individueller Aufmerksamkeit und Zuwendung.

Alle Gruppenmitglieder sind sehr ruhig und aufmerksam, auch Frau Lorcherts. Sie singt mit, ergänzt fleißig Sprichwörter. Man hört nicht einmal ihr sonst übliches „Hallo, hallo! Wo sind sie? Wo bin ich? Wo muss ich hin?". Sie ist ganz bei der Sache. Ich bin erstaunt, wie viele Sprichwörter Frau Lorcherts ergänzen kann. Auch Frau Schlefer, die sonst alle 10 Minuten aufsteht und fragt, wo sie hin soll, ist ganz ruhig. Alle sind beschäftigt. Die Bewohnerinnen merken meines Erachtens, dass sie gerade in einer Situation sind, in der man sich um sie kümmert. Die Betreuungsassistentin sitzt direkt mit am Tisch, steht oft auf und geht zu einer Bewohnerin hin. Sie spricht sie direkt an, hält Körperkontakt und geht dann direkt zur nächsten Bewohnerin. Es ist auffällig, dass die Bewohnenden in diesem Kontext andere Reaktionen und Verhaltensweisen zeigen, als ohne eine solche direkte Betreuung oder direkte Ansprache durch Mitarbeitende. Hier zeigt sich deutlich, wie viel Aufmerksamkeit und Zuwendung die Bewohnenden brauchen. Sehr wichtig scheinen mir die direkte Ansprache und der körperliche Kontakt während der Kommunikation zwischen Mitarbeitenden und Bewohnenden. Es ist erstaunlich, wie viele Ressourcen dann noch zu mobilisieren sind und um wie viel ruhiger die Bewohnenden dann sind. (Auszug 3 Beobachtungsprotokoll: WS1_BP_NA_090810)

Explikation zum dritten Protokollauszug

Dieser Protokollauszug legt dar, dass nach Wahrnehmung der Forschenden die Personen mit Demenz auf direkte individuelle Ansprache und Zuwendung mit Wohlbefinden reagieren. Sie zeigen Wachheit und Aufmerksamkeit. Es wird möglich, Ressourcen zu mobilisieren. Zudem ist hier erkennbar, dass Personen mit Demenz andere Verhaltensweisen zeigen, wenn eine solche aufmerksame Mitarbeiterpräsenz fehlt. Bereits während der ersten Beobachtungen der Bewohnenden mit Demenz waren Bedürfnisse nach „Bindung, Trost, Identität, Einbeziehung sowie Beschäftigung" wahrnehmbar (Kitwood 2008, 121 ff.; Cadieux/Garcia/Patrick 2013). Solche Bedürfnisse zeigten sich sowohl in *Anwender-* als auch in *Nicht-Anwender-Einrichtungen*.

Zusammenfassend möchten wir hier festhalten, dass bereits die ersten Eindrücke im Rahmen der *unstrukturierten teilnehmenden Beobachtung* von einer deutlichen Diskrepanz geprägt waren. Sie bestand zwischen den Bedürfnissen der Personen mit Demenz nach Aufmerksamkeit bzw. Zuwendung und einem eher distanzierten, funktionalen Interagieren, insbesondere auf Seiten der professionell Pflegenden. Diese Wahrnehmung bestätigt den derzeitigen Forschungsstand (Popham/Orrell 2012).

4.2 Spezifische nicht-teilnehmende Einzelfallbeobachtung

Die *nicht-teilnehmenden Einzelfallbeobachtungen* im Anschluss an die *unstrukturierten, teilnehmenden Beobachtungen* sollten dazu dienen, Rahmenbedingungen, Routinen und Handlungsstrategien von ausgewählten Personen des Samplings sowie von Mitarbeitenden in Pflege- und Betreuungssituationen ‚vor Ort' zu erschliessen. Die Beobachtungsphasen waren über den gesamten Tagesverlauf verteilt und schlossen sämtliche Zeiträume ein. Dazu zählten auch jene, die nicht durch tagesstrukturierende Tätigkeiten gekennzeichnet waren, beispielsweise Phasen am Nachmittag zwischen Kaffeezeit und Abendessen. Ebenso erfolgte eine nicht-teilnehmende Beobachtung von Betreuungspersonen bei Einzelaktivitäten, insbesondere nach den Richtlinien des § 87b SGB XI.

Die zentrale Erkenntnis der Studie besteht darin, dass eine systematische und regelmäßige Anwendung und Umsetzung sowohl der Integrativen Validation nach Richard als auch der Basalen Stimulation nach Bienstein und Fröhlich nicht zu erkennen waren. Dies gilt in Bezug auf die Art und Weise, wie beide Konzepte in ihrer idealtypischen, methodischen und konzeptionellen Vollständigkeit vermittelt werden. Beobachtet haben wir insbesondere Interaktionen, in denen nur jeweils einzelne Elemente zur Anwendung kamen.

Vor diesem Hintergrund ist die Forschungsfrage, ob die Durchführung der validierenden und der stimulierenden Angebote dem erlernten vermittelten Wissen entspricht oder die Modelle bei der Übertragung in die Praxis modifiziert werden, eindeutig zu beantworten. Doch auch eine Anwendung der Verfahren in modifizierter Form erfolgte bei einer Mehrheit der geschulten Mitarbeitenden eher selten, d.h. nicht systematisch und nicht regelmäßig. Dies bezieht sich auch auf Situationen, in denen sich das Verhalten der Bewohnenden als *herausfordernd* beschreiben lässt.

4.2.1 Anwendung und Umsetzung der Integrativen Validation und der Basalen Stimulation

Es zeigte sich, dass einzelne Mitarbeitende gelegentlich auf die emotionale Befindlichkeit oder auf Abneigungen bzw. Vorlieben von Bewohnenden eingegangen sind. Dies gilt beispielsweise für Antriebe, Gefühle, Schlüsselworte oder biographische Bezüge. Allerdings erfolgte keine methodisch vollständige Umsetzung der Integrativen Validation:

> FK: Also so einzelne Phrasen benutze ich manchmal, aber nicht so, dass ich sagen würde, ich mache hier Integrative Validation.
> Interviewer: Was wären das für Phrasen?
> FK: Ja, ich spreche schon mal jemanden auf den Beruf an: „Sie sind Hebamme?". Da fällt mir jetzt gerade eine Bewohnerin ein: „Sie sind Hebamme. Sie haben viele Kinder auf die Welt gebracht". So was, aber wirklich nur ganz, ganz sporadisch. Und ich denke bei den Mitarbeitern ist das auch so. Ich habe noch nichts Größeres hier erlebt. (Auszug 1 Interviewtranskript: KO1_I_A_Frau Knüller)

Mitarbeitende reagierten insbesondere auf extrovertierte, emotional erregte Verhaltensweisen, beispielsweise Schreien, Lautieren oder Streiten. Dies geschah selbst dann, wenn sie das zugrunde liegende (extrovertierte) Gefühl oder den Antrieb offenbar erkannten und ansprachen, indem sie versuchten, selbst ruhig zu bleiben, nicht aufgeregt zu wirken, also die wahrgenommene Befindlichkeit gerade *nicht* im Sinne der Integrativen Validation zu spiegeln:

> Interviewer: Und wenn das dann irgendwie eskaliert, was machen sie dann?
> KM: Ja, da ist die Professionalität gefragt. Ja natürlich, versuchen ruhig zu bleiben. Erstmal irgendwie versuchen, den Bewohner irgendwie aus der Reichweite zu bringen, dass man den erstmal so wegbringt. Wie aus den Augen aus dem Sinn. Und dann versuchen, den Bewohnern ruhig zu erklären, warum derjenige das jetzt so gemacht hat. Das ist jetzt das erste. Und dann versuchen, vielleicht auch nochmal ein bisschen zu validieren oder validierend ein bisschen einzuwirken. Dass man dann quasi die Antriebe rausnimmt. Und versuchen, dann so ein bisschen die Kurve zu kriegen. (Auszug 2 Interviewtranskript: KA1_I_A_Frau Mischer, Primary Nurse, IVA-Grundkurs)

Dieses Ruhigsein und Beruhigen ging oftmals mit begleitenden oder anschließenden Ablenkungsversuchen einher. Häufig kam es auch dazu, selbst in fortgeschrittenen Phasen einer Demenz entgegen den Regeln der Integrativen Validation Fragen zu stellen oder an der Realität zu orientieren (Richard 2014, S. 52).

Auch bei Mitarbeitenden ohne Schulung in Integrativer Validation war zu beobachten, dass sowohl in spezifischen wie auch unspezifischen Situationen kurze und in Ansätzen als validierend zu bezeichnende Handlungsweisen erfolgten. Zu nennen sind hier das Ansprechen eines Gefühls oder einer Vorliebe, das Aussprechen eines sogenannten Schlüsselwortes oder das Herstellen eines biographischen Bezugs.

Vor diesem Hintergrund sahen sich die Forschenden bei den Beobachtungen in den *Anwender-Einrichtungen* oftmals vor die Schwierigkeit gestellt, nicht klären zu können, ob eine ansatzweise Anwendung und Umsetzung der Integrativen Validation bewusst bzw. gezielt erfolgte und auf die Schulung zurückzuführen war oder ob sich das Vorgehen der Mitarbeitenden so oder ähnlich auch ohne Teilnahme an einem Kurs zur Integrativen Validation dargestellt hätte. Hinsichtlich des Aspekts „wertschätzende Grundhaltung" (Richard 2014, S. 17 ff.) war festzustellen, dass bei einigen in Integrativer Validation geschulten Mitarbeitenden nicht nur einzelne Elemente im Sinne der Methodik und Regeln zum Ausdruck kamen, sondern ebenso Formen des Umgangs, welche die Forschenden als wertschätzend, respektvoll und anerkennend wahrnehmen konnten (ebd.). Es lässt sich jedoch auch hier nur schwer einschätzen, ob und in welcher Ausprägung eine wertschätzende Grundhaltung auf die Schulungen und das dort vermittelte Wissen zurückzuführen ist oder möglicherweise gänzlich oder weitgehend unabhängig davon ist. Einzelne validierende Ansätze waren auch bei nicht geschulten Mitarbeitenden zu beobachten. Ebenso konnten wir durch Wertschätzung, Respekt und Anerkennung geprägte Umgangsweisen zwischen Mitarbeitenden und Bewohnenden in *Nicht-Anwender-Einrichtungen* feststellen.

Mehrheitlich stehen die Mitarbeitenden des Pflege- und Betreuungsdienstes dem Ansatz der Integrativen Validation positiv gegenüber. Dies steht gleichwohl im Kontrast dazu, dass ein Umsetzen des Ansatzes insgesamt selten und lediglich in Fragmenten erfolgt. Auch schildern die Mitarbeitenden ihre konkreten Erfahrungen mit dem Ansatz als überwiegend ambivalent. Sie weisen darauf hin, dass „es manchmal funktioniert und manchmal nicht". Eine Erklärung hierfür könnte sein, dass Mitarbeitende mit diesem Konzept vor allem dessen Grundgedanke in Verbindung bringen: Personen mit Demenz nicht an der je eigenen Wirklichkeit zu orientieren, sondern sich auf deren subjektive Wirklichkeit einzustellen und entsprechend zu interagieren.

Die Beobachtungen ergaben, dass Basale Stimulation ebenfalls nicht im Sinne des Gesamtkonzeptes zur Anwendung kommt sondern als konkretes pflegerisches Handeln, also als Maßnahme und Technik erfolgt. Dies zeigt sich darin, dass professionell Pflegende während der Körperpflege und – sofern es die Zeit erlaubt – einzelne stimulierende Maßnahmen wie Eincremen oder Massieren teilweise erst *nach* der Körperpflege durchführen. Basale Stimulation erfolgt demnach nicht als „normale Pflege, nur anders" (Interviewtranskript_TB, S. 25). Aus Sicht der Pflegenden handelt es sich nicht um einen *normalen,* wenn auch noch etwas ungewohnten Pflegeansatz, der keine zusätzlichen zeitlichen oder sonstigen Ressourcen erfordert. Zumindest in der Wahrnehmung der Pflegemitarbeitenden ist Basale Stimulation fast immer mit pflegerischem und zeitlichem Mehraufwand verbunden. Sie verstehen basal stimulierende Maßnahme als eine Art Zusatzleistung, als ein *Add on,* das zusätzlich zur *normalen, konventionellen* Pflege zu leisten ist. Dies war für die Forschenden auch daran zu erkennen, dass sie für das Beobachten Basaler Stimulation mit wenigen Ausnahmen einen „Termin" mit einer Mitarbeiterin bzw. einem Mitarbeiter vereinbaren mussten. Basale Stimulation erfolgt überwiegend als stimulierende Maßnahme oder Technik. Die Forschenden fühlten sich zeitweilig an eine Art Wellness-Behandlung – mit der Betonung auf Behandlung – erinnert. Dies deutet darauf hin, dass Basale Stimulation nicht im Sinne eines *gemeinsamen* Handelns oder Dialogs mit geteilten Zielen erfolgt (Bienstein/Fröhlich 2010, S. 10). Der Person mit Demenz kommt der passive, empfangende Part zu und der pflegenden Person die aktive Rolle. Die Anwendung geschieht sehr uneinheitlich und orientiert sich nicht an den Bedürfnissen der Person mit Demenz. Sie erfolgt nach den Vorstellungen der jeweils pflegenden Person. Die befragten Mitarbeitenden gaben an, dass sie für Basale Stimulation „in Stimmung" sein müssten und „innere Ruhe" sowie eine ungestörte Atmosphäre bzw. Umgebung benötigten.

> *AD: Bei der Basalen Stimulation ist es so: Wenn ich eine Körperwaschung mache, dann kann ich das eher am Nachmittag oder am späten Abend. Ich muss mich dann selber auch so ein bisschen einstimmen. Ich brauche meine innere Ruhe und Ausgeglichenheit, sonst funktioniert das nicht. Und ich muss auch sagen, wenn ich das jetzt bei jemandem mache, dann habe ich mir diesen Zeitfaktor irgendwie rausgearbeitet, damit ich auch so ein bisschen diese Ruhe habe. Deshalb mache ich das meistens im Spätdienst.*
> *Interviewer: Also man muss es dann vorher schon wissen, sich das dann wirklich rausarbeiten?*
> *AD: Ja, weil ich mache das dann auch oft abends, dieses Eincremen und so weiter. Das kann man abends, wenn man die Grundpflege gemacht hat (Auszug 3 Interviewtranskript: KA1_I_A_Frau D., Grundkurs Basale Stimulation)*

Keiner der Mitarbeitenden benannte im Zusammenhang mit Basaler Stimulation, welches der zentralen Ziele sie erreichen möchten. Es war nicht erkennbar, ob die Mitarbeitenden Ziele für eine Person mit Demenz erkannt und entsprechend zugrunde gelegt hatten und diese auf einer gemeinsam festgelegten Absprache innerhalb des Teams beruhen. Ebenso wenig war sichtbar, durch welche abgesprochenen und regelmäßig wiederkehrenden pflegerischen Handlungen sie dieses Ziel verfolgen möchten (Bienstein/ Fröhlich 2010, S. 78ff.).

Im Zusammenhang mit den Beobachtungen in *Anwender-Einrichtungen* können wir bei zwei der besuchten Wohnbereiche von einem konzeptionellen Ansatz sprechen, der über das Konzept des segregierten Wohnbereichs für Personen mit Demenz hinausging. Einer dieser Wohnbereiche war ausdrücklich als *Pflegeoase* konzipiert, der andere konzeptionell an eine Pflegeoase angelehnt. Wie wir beobachten konnten, erfolgte das Anwenden und

Umsetzen der Integrativen Validation und der Basalen Stimulation im Wohnbereich mit dem Pflegeoase-Konzept häufiger als in anderen Wohnbereichen. Mitarbeitende gaben in situativen Gesprächen an, dass die Anwendung hier bewusst und auf der Basis eines regelmäßigen Erfahrungsaustausches erfolgt.

Beide Konzepte beschrieben die Mitarbeitenden als hilfreich in der Praxis, wenn auch nicht immer zuverlässig erfolgreich bzw. zielführend. In diesen beiden Wohnbereichen kam Integrative Validation zwar häufiger zur Anwendung, jedoch überwiegend in der bereits beschriebenen modifizierten Form. Inwieweit Rahmenbedingungen eines konzeptionellen Ansatzes einen Einfluss auf die Anwendung und die erzielten Effekte von Integrativer Validation und Basaler Stimulation haben, ist nur schwer zu beantworten. Dies trifft auch auf die Frage zu, ob und in welchem Ausmaß hier vor allem die Qualifikation oder die Einstellung bzw. Haltung der Mitarbeitenden im Zusammenspiel mit der Persönlichkeit oder Motivation stehen.

Den Beobachtungen und Auskünften der Mitarbeitenden zufolge wenden sie Integrative Validation bis auf wenige Ausnahmen nicht „in Krisen" und im Zusammenhang mit „starken Gefühlen" nach dem Prinzip des ‚Reagierens' an, d.h. bei stark extrovertierten oder introvertierten, *herausfordernden* Verhaltensweisen (Richard 2014, S. 55ff.). Dies begründen sie u.a. dadurch, dass sich Bewohnende mit Demenz durch Integrative Validation nicht beruhigen lassen, wenn sie bereits aufgeregt sind. Auch äussern sie Angst davor, dass sich insbesondere introvertierte, traurige oder verzweifelte Stimmungen und Gefühlslagen durch Validation eher noch verstärken könnten. Erfolgt eine gezielte Anwendung der Integrativen Validation, dann vorrangig nach dem Prinzip des ‚Agierens': Mitarbeitende benennen in entspannten Alltagssituationen beispielsweise einen Antrieb oder ein Schlüsselwort. Ebenso führen sie eine kurze „Ritualisierte Begegnung"[18] durch. Dies erfolgt „nebenbei", etwa während der Körperpflege oder beim Essen. Dem Eindruck der Forschenden nach versuchen die Mitarbeitenden auf diese Weise, Kontakt aufzunehmen, Small-Talk zu führen und zu motivieren. Ein anderes mögliches Ziel kann darin liegen, abzulenken, um beispielsweise durch Benennen eines Schlüsselworts die Körperpflege oder die Einnahme einer Mahlzeit zu erleichtern. Dies würde dem Anliegen der In-

---

18 „Bei der ‚Ritualisierten Begegnung' wird der Mensch mit Demenz nicht nur mit seinem Namen, sondern auch mit seinen zentralen Lebensthemen und Antrieben angesprochen. Dabei wird angenommen, dass dadurch der Mensch unmittelbar und ohne den Umweg einer verstandesmäßigen Erklärung erreichbar ist. In ‚seinem' Lebensthema und Antrieben kann er sich wiedererkennen und wird durch das tägliche Wiederholen in der alltäglichen Begegnung kontinuierlich in seiner Identität gestärkt. Er verspürt Vertrautheit, was ihm Angst und Stress nimmt und Geborgenheit aufbaut". (Richard 2014, S. 45)

tegrativen Validation entsprechen, Kontaktaufnahme zu ermöglichen (Richard 2014, S. 45). Den Beobachtungen und Schilderungen zufolge, finden Mitarbeitende die Validation von Antrieben[19] in der Umsetzung einfacher als die Validation von Gefühlen. Dies lässt sich teilweise damit begründen, dass Antriebe oder Schlüsselwörter nicht spontan erkannt oder gedeutet werden müssen, sondern zumindest manchmal als Information bereits vorhanden sind. Eine weitere Erklärung könnte unserer Vermutung nach sein, dass Antriebe weithin positiv besetzt sind. Sie stehen letztlich für Charaktereigenschaften, die eine Person auszeichnen, beispielsweise Pflichtbewusstsein oder Ordnungssinn. Diese Eigenschaften stehen für die Identität einer Person. Dagegen sind Gefühle gegebenenfalls nicht nur spontan wahrzunehmen und zu deuten, sondern gerade in Problemsituationen auch weniger ‚beherrschbar'. Gefühle können – anders als Antriebe – auch ‚außer Kontrolle' geraten. In vier von insgesamt sechs besuchten Wohnbereichen der Anwender-Einrichtungen *entwickelten* die Mitarbeitenden das ‚Instrument' der „Ritualisierten Begegnung". Allerdings führte dies noch nicht dazu, dass es auch systematisch und regelmäßig zum Einsatz kommt, beispielsweise im Sinne der Aussage: „Je häufiger wir agieren, desto weniger oft müssen wir reagieren" (Richard 2011b). Da systematisches ‚Agieren' nicht beobachtbar war, lassen sich keine generellen Aussagen zur Prävention von *herausfordernden Verhaltensweisen* durch Integrative Validation treffen.

Wie die professionell Pflegenden schilderten, ist die Anwendung Basaler Stimulation für sie an bestimmte Voraussetzungen gebunden, insbesondere zeitliche Ressourcen sowie innere und äußere Ruhe. Deshalb kommt Basale Stimulation nur selten ad hoc zum Einsatz, um eine akute Problemsituation zu bewältigen. Die Mitarbeitenden wenden sie vor allen unter den genannten günstigen Voraussetzungen an oder wenn bestimmte Verhaltensweisen bzw. Symptome regelmäßig oder vorhersehbar auftreten. Beispiele hierfür sind u.a. Unruhe, verbunden mit Einschlafstörungen oder morgendliche Antriebslosigkeit.

---

19 Nach Richard sagen Antriebe „etwas darüber aus, was ein Mensch mit seinem Verhalten erreichen will (Ziel). Darüber hinaus wird damit ausgedrückt, dass dieses Verhalten nicht (nur) von außen bestimmt wird (z.B. durch Erwartungen anderer Menschen oder bestimmte äußere Notwendigkeiten, Umstände oder Zwänge), sondern dass dabei auch eine innere Kraft eine Rolle spielt, die ganz individuell für diesen Menschen ist. Dabei ist diese Kraft nicht auf eine bestimmte beschriebene Situation bezogen, sondern wird in einer übergreifenden, generalisierten Weise für das Verhalten eines Menschen über das gesamte Leben hinweg und in unterschiedlichen Umständen immer wieder wirksam und erkennbar". (Richard 2014, S. 34)

4.2.2 Anwendungsbarrieren der Integrativen Validation und der Basalen Stimulation

Nach Richard „gilt es sicher zu stellen, dass Menschen mit Demenz Vertrauen aufbauen, Ängste und Unsicherheiten abbauen können. Und nicht zuletzt mit und für diese Menschen ein Milieu zu schaffen, aus dem der Erkrankte eigene Ressourcen schöpfen, Ich-Identität spüren und sich ‚zu Hause' fühlen kann" (Richard 2004, S. 13). Was Richard hier schildert, ist aus der Perspektive von Personen mit Demenz als etwas Positives zu betrachten. Für Mitarbeitende kann dies jedoch Anwendungsbarrieren und Belastungen nach sich ziehen. Gelingt es beispielsweise einer Mitarbeiterin, Vertrauen aufzubauen, so kann sie dadurch für eine Bewohnerin zu einer ‚besonderen' Mitarbeiterin werden: Die Bewohnerin knüpft dann eventuell bestimmte Erwartungen an sie. Der methodisch beabsichtige Vertrauensaufbau ruft gleichsam bei der Person mit Demenz auch eine Erwartung von Nähe und Verfügbarkeit hervor. Richard selbst machte im Rahmen einer Gruppendiskussion[20] darauf aufmerksam, dass der Aufbau von Nähe auch ein Problem sein könne. Dabei bezog sie sich auf ihre eigenen Erfahrungen. Vor diesem Hintergrund vermuten die Forschenden, dass Mitarbeitende – mehr oder weniger bewusst – austarieren müssen, welches Maß an Aufmerksamkeit oder Vertrauen sie einer Person mit Demenz zukommen lassen können, ohne dabei Erwartungen und Ansprüche hervorzurufen. Aus der Forschungsperspektive ergibt sich hier ein Phänomen, das wir in diesem Kontext als „Ökonomie der Aufmerksamkeit" (vgl. hierzu auch Franck 1998) bezeichnen möchten. Es zeigt sich hier gewissermaßen die Kehrseite eines gelingenden Vertrauensaufbaus.

> *FH: Dann habe ich ihn an der Backe. Auf jeden Fall. Dann geht es vielleicht auch immer weiter. Dann fangen sie vielleicht auch an, zu erzählen, bauen Vertrauen auf und dann geht das immer weiter. Und dann kommt man auch teilweise gar nicht mehr so schnell aus der Situation raus (Auszug 4 Interviewtranskript: KA2_I_A_Frau Heino, IVA Grund- und Aufbaukurs, IVA Teamerin)*

Eine andere Problemsituation entsteht für Mitarbeitende, wenn sich eine Situation durch Validation nicht beruhigen lässt. Eine Emotion kann dann nicht „ausfließen" (Richard 2004, S. 15), sondern läuft gewissermaßen „aus dem Ruder". Richard weist hier auf eine mögliche Lösung hin: „Wenn wir validieren, kann es zu Folgendem kommen: Die bestätigten Gefühle verstär-

---

[20] Die Gruppendiskussion fand in Rahmen des jährlichen IVA Trainertreffen am 01.03.2013 in Kassel statt.

ken sich zunächst. Ein Beispiel: Ein Bewohner zeigt Wut. Wir sagen ‚Sie platzen vor Wut'. Der demenzkranke Mensch äußert eine verstärkte Wut. Hierin liegt für manche Mitarbeiter ein Problem, weil sie denken, sie hätten einen Fehler gemacht. Dem ist nicht so: Manchmal verstärken sich Gefühle und Antriebe, wenn wir diese bestätigen, es ist als Resultat einer erfolgreichen Beziehungsarbeit zu verstehen [...] Die Devise ist hier: *dranbleiben!* Wenn wir einen zweiten oder dritten Satz im oben benannten Beispiel zu Wut oder Ärger nennen, verliert sich die Wut, sie läuft aus" (Richard ohne Datum, S. 11, Hervorhebung im Original). Dies kann nach Aussagen der Mitarbeitenden zwar eintreten, ist jedoch ihren Erfahrungen nach kein verlässlicher Effekt (vgl. Fussnote 5). Verstärkt sich durch Validation eine *herausfordernde* Verhaltensweise und gelingt es Mitarbeitenden anschließend, die Situation dennoch wieder *zu beruhigen,* so betonen sie vor allem den höheren oder sogar sehr hohen zeitlichen Aufwand, mit dem dies verbunden ist. Dies gilt besonders bei introvertierten Gefühlen. Die Situation oder das Gefühl kann sich jedoch ihrer Erfahrung nach nicht dadurch kurzfristig „auflösen", dass sie einen zweiten oder dritten validierenden Satz formulieren.

Grenzen der Integrativen Validation erfahren Mitarbeitende auch dann, wenn Personen mit Demenz Fragen stellen. Sie äußern dann nicht nur einen Satz wie „Ich muss zu meinen Kindern", sondern fragen: „*Wo* sind meine Kinder? *Wie* komme ich nach Hause?" (Beer/Keller 2012, S. 345 f.). Es reicht dann nicht aus, gegenüber der Bewohnerin anzumerken, dass sie sich Sorgen mache und eine pflichtbewusste Frau sei. Denn der Erfahrung nach erwarten auch Personen mit Demenz auf konkrete Fragen konkrete Antworten. Andernfalls, so die Mitarbeitenden, fühlen sie sich nicht ernst genommen.

> SH: Ich kann sagen, dass ICH da an meine Grenzen komme, weil eben auf eine inhaltliche Antwort gewartet wird. Und nicht auf eine emotionsorientierte Antwort. Ja, weil die sich dann tatsächlich auch blöd vorkommen. (Auszug 5 Interviewtranskript: K1_SH_I)

Eine weitere Herausforderung für Mitarbeitende kann sich auch dadurch ergeben, dass sie beispielsweise die Gefühle der Bewohnerin oder des Bewohners in einer Krisensituation nicht treffend wahrnehmen und deuten. Vor allem hinsichtlich der Anwendung und Umsetzung der Integrativen Validation bestätigen Mitarbeitende ihre Schwierigkeit, Gefühle von Personen mit Demenz überhaupt wahrzunehmen und diese spontan zu deuten sowie korrekt zu benennen. Es kommt auch vor, dass sie sich beim Anwenden der Integrativen Validation sogar vor Kollegen, Angehörigen und Bewohnenden ohne Demenz „komisch vorkommen":

„Ich frage nach, wie sie sich beim Validieren vorkommen. Authentisch? Oder haben sie eher das Gefühl, zu schauspielern? Alle sagen wie aus der Pistole geschossen: ‚Schauspielern' – dies sei doch auch ganz klar. Denn Validieren sei doch ‚kein normales Reden'. Dieses ‚nicht normale' Sprechen sei doch sehr komisch. Oft würde man sich dann dämlich vorkommen und es sei einem etwas peinlich vor den anderen Mitarbeitern" (Auszug 4 Beobachtungsprotokoll: KO1_BP_A_140412)

Mitarbeitende, die sich selbst als introvertierte Persönlichkeiten charakterisieren, fühlen sich gehemmt, wenn sie extrovertierte Gefühlsäußerungen wie Wut oder Zorn spiegeln bzw. validieren sollen. Eine weitere Anwendungsbarriere zeigt sich darin, dass ein Gefühl einer Bewohnerin oder eines Bewohners auch fehlgedeutet werden kann. Wird die Bewohnerin oder der Bewohner ungerechtfertigt oder unangemessen mit einem Gefühl oder Antrieb konfrontiert („etikettiert"), kann dies dazu führen, dass sich das appräsentierte Gefühl dieser Person verstärkt. Ähnliches gilt auch, wenn Mitarbeitende das Lebensthema einer Bewohnerin oder eines Bewohners nicht erkennen und benennen können.

Ein anders gelagertes Problem entsteht aus der Perspektive der professionell Pflegenden in Situationen, in denen sie in ihrer beruflichen Praxis mit ethischen und rechtlichen Dilemmata konfrontiert sind (Kotsch/Hitzler 2013). Dabei handelt es sich insbesondere um konkrete und alltägliche Situationen wie Mahlzeiten, Medikamentengabe sowie Körperpflege. In diesem Zusammenhang ist folgende Alltagssituation vorstellbar:

Eine Bewohnerin „verweigert" unter lautem Schimpfen die Einnahme eines Medikaments. Validiert eine Mitarbeiterin in einer solchen Situation, kann sie sich damit in ein Dilemma bringen. Sie bestätigt die wahrgenommene Befindlichkeit der Bewohnerin, indem sie beispielsweise formuliert, die Bewohnerin sei ganz wütend: „Sie platzen vor Wut". Konsequenterweise müsste sie nun den Willen der Bewohnerin akzeptieren, also das Medikament nicht verabreichen. Auch müsste sie in einer Körperpflegesituation darauf verzichten, das eingenässte Bettlaken zu wechseln. Dies würde dem Ansatz entsprechen, der *Wertschätzung, Akzeptanz* und *Respekt* in den Mittelpunkt stellt. Die Kommunikation der Mitarbeitenden und ihr Handeln wären dann sowohl aus ihrer eigenen wie auch aus der Perspektive der Bewohnerin kongruent. In ein Dilemma gerät die validierende Mitarbeiterin jedoch, wenn sie einerseits zunächst den bekundeten Willen der Bewohnerin bestätigt und dabei deren Autonomie vordergründig – im Sinne des Selbstbestimmungsprinzips – stärkt und sie andererseits – aus pflegerischer Verantwortung und im Sinne des Fürsorgeprinzips – das Medikament entgegen dem von der Bewohnerin bekundeten Willen verabreicht. Sie meint, nicht anders handeln zu können. Die eben geschilderte Problematik möchten wir anhand des folgenden Ausschnitts aus einem Beobachtungsprotokoll im Rahmen einer Nagelpflege veranschaulichen:

> Das klappt ganz gut. Hin und wieder wird Frau Bohnert unruhig. Frau Friedrich sagt: „Das mögen sie überhaupt nicht. Da würd' ich mich auch nicht wohl fühlen". Ich würde sagen, sie validiert. Sie formuliert stellvertretend das von ihr wahrgenommene Gefühl, dass Frau Bohnert sich nicht wohlfühlt. Aber sie macht weiter, sie hört nicht auf, die Nägel zu schneiden. Ich denke, dass dies eigentlich auch sehr widersprüchlich ist. Auch dies ist etwas, was ich häufig beobachtet habe. Wenn ich, durchaus im Sinne der Validation, sage: „Das möchten Sie nicht. Das können Sie gar nicht leiden", muss ich dann nicht – auch um die Bewohnerin ernst zu nehmen – aufzuhören, das zu tun, wovon ich weiß, dass es die Bewohnerin nicht möchte und ich ihr das gerade auch noch mitgeteilt habe? Dies geschieht eher selten. Das Interesse der Mitarbeiterin oder des Mitarbeiters dominiert in der Regel. (Auszug 5 Beobachtungsprotokoll: KA2_BP_A_030712)

Gerade im Zusammenhang mit solchen fast als klassisch zu bezeichnenden Dilemmasituationen stellt sich die Frage: Was bedeutet es, einer Person mit Demenz wertschätzend und vor allem auch akzeptierend im Sinne ihre Selbstbestimmung zu begegnen? (Kotsch/Hitzler 2013).

Hinsichtlich der Anwendung und Umsetzung der Basalen Stimulation berichten Mitarbeitende selten, dass sich für sie dadurch neue Anwendungsbarrieren ergeben. Zwar könne es vorkommen, dass eine Person mit Demenz ablehnend auf eine stimulierende Maßnahme oder Technik reagiert. Allerdings äußern Mitarbeitende in diesem Zusammenhang nicht, dass es ihnen schwer falle, diese Reaktionen zu erkennen und zu deuten. Sie erwähnen auch nicht, dass sie die Maßnahme abbrechen und sich die Befindlichkeit der Person daraufhin wieder beruhigt. Sie weisen zwar darauf hin, dass sie negative Effekte der Basalen Stimulation erkennen, beispielsweise ein sich einstellender ängstlicher oder angespannter Gesichtsausdruck oder ein körperliches Verkrampfen. Die Beobachtung zeigt jedoch, dass sie sich hinsichtlich dieser Wahrnehmung auch täuschen können.

Besonders Mitarbeitende der Pflege erwähnen, dass institutionelle Hemmnisse die Anwendung der beiden Konzepte beeinflussen. In diesem Zusammenhang machen einige darauf aufmerksam, dass sie die Ansätze, selbst wenn sie diese anwenden wollten, aufgrund der gegebenen institutionellen und organisatorischen Rahmenbedingungen nicht anwenden könnten. Zu diesen Bedingungen zählen sie vor allem folgende beeinflussende Faktoren: Mangel an Zeit, schlechte Personalsituation mit hoher Fluktuation, zu wenig Fachpersonen, fehlende Unterstützung und Hilfe beim Anwenden und Umsetzen der Konzepte, insbesondere durch das Management der Einrichtung, fehlende Informationen über die Bewohnenden, unzureichendes Teamdenken, ungenügender Informationsaustausch, mangelnde Kooperation zwischen Berufsgruppen sowie verschiedene konzeptionelle Faktoren. Mitarbeitende beklagen unter anderem, dass Wohnbereiche räumlich sowie hinsichtlich der Anzahl der Bewohnenden zu groß, zu unübersichtlich und damit zu unruhig seien.

Nur wenige Mitarbeitende äußerten, dass sie die absolvierten Schulungen zur Integrativen Validation und zur Basalen Stimulation als hilfreich für ihren Pflegealltag erachten und sie die Methoden und Maßnahmen nun regelmäßig, systematisch und mit mehr oder weniger verlässlichen Effekten in „schwierigen" Situationen erfolgreich anwenden. Dennoch bezeichneten einige Mitarbeitende die Schulung zur Integrativen Validation als ein „Aha-Erlebnis". Damit könnten sie zum Ausdruck gebracht haben, dass das dort vermittelte Wissen für sie sowohl neu als auch nachvollziehbar war. Sie erkennen den Kontrast zum korrigierenden und realitätsorientierten Ansatz. Der anderen Person verbal und non-verbal auf Augenhöhe zu begegnen, scheint hierbei ein besonders einprägsames Bild für Schulungsteilnehmende unterschiedlichster Professionen zu sein. Der Eindruck, dass die absolvierten Schulungen zur Integrativen Validation jenseits eines konkreten Anwendernutzens für den Pflegealltag, vor allem für die Erlebenswelt der Personen mit Demenz sensibilisieren, gilt in ähnlicher Weise für die Basale Stimulation. Durch Schulungen in Basaler Stimulation sind Mitarbeitende dafür sensibilisiert, wie schwerstbeeinträchtigte Menschen wahrnehmen.

Den Beobachtungen nach sind insbesondere folgende Bereiche zu benennen, in denen Einrichtungen ihren *Informations- und Wissenstransfer* regeln und sicherstellen:

- Während der täglichen Dienstübergaben sowie im Zusammenhang mit Fallbesprechungen,
- im Rahmen der schriftlichen Dokumentation bewohnerbezogener Informationen,
- durch informellen Austausch bei alltäglichen Arbeitsabläufen und in Pausensituationen.

Da sich die Konzepte an Zielgruppen wenden, die nur schwer oder gar nicht in der Lage sind, ihre Bedürfnisse und Anliegen unmissverständlich selbst zu äußern, weisen Mitarbeitende immer wieder darauf hin, dass vor allem persönlichkeitsbezogene Informationen über Menschen mit Demenz von großer Bedeutung sind.

Interessanterweise konnten wir jedoch bereits während der Beobachtungsphase und auf der Basis der Datenauswertung feststellen, dass sich Pflegefachpersonen vorrangig über medizinische und körperpflegerische Aspekte austauschen. Unserem Eindruck nach verlief dieser Informationsaustausch eher *routiniert* und *zügig*. Ging der Austausch über die zu dokumentierenden medizinischen und körperpflegerischen Parameter hinaus, erfolgte er häufig bewertend und vor allem informell, ‚zwischendurch', ‚nebenher', in fast anekdotischer Weise. Dies bezog sich beispielsweise auf die Stimmung einer Bewohnerin, einen Streit zwischen Bewohnenden oder die Vorlieben einer Bewohnerin für bestimmte Speisen. In welchen Gesamtzusammenhängen diese Verhaltensweisen stehen oder zu verstehen sein könnten, bleibt hingegen in der täglichen Dokumentation weithin offen.

Die Beobachtungen und die ausgewerteten Daten deuten darauf hin, dass insbesondere Betreuungsmitarbeitende oftmals über mehr persönlichkeitsbezogenes Wissen verfügen als professionell Pflegende. Dies trifft auch dann zu, wenn sie nur wenige Stunden in einer Einrichtung tätig sind. Es zeigte sich auch, dass professionell Pflegende dieses Wissen der Betreuungspersonen nur wenig oder nicht nutzen bzw. gar nicht erst in Erfahrung bringen. So ist es in den meisten besuchten Einrichtungen nicht selbstverständlich, dass Betreuungspersonen an Fallbesprechungen oder Dienstübergaben teilnehmen. Dies mag auch damit zusammenhängen, dass sie häufiger teilzeit- und geringfügig beschäftigt sind. Ein weiterer Grund kann auch darin bestehen, dass Betreuungspersonen ‚die Aufsicht' übernehmen, solange die Dienstbesprechungen der Pflegefachpersonen stattfinden.[21]

Mehrere Betreuungspersonen sagten aus, dass sie ihrem Empfinden nach in der Mitarbeiterhierarchie am unteren Ende rangieren. Sie fühlten sich in ihrer Arbeit von den beruflich Pflegenden nicht immer ernst genommen und wertgeschätzt. Beispielsweise sehen professionell Pflegende die Betreuungstätigkeit nicht als „richtige" Arbeit oder überhaupt als Arbeit an.

---

21 Allerdings gibt es Hinweise, die über diesen Grund hinausweisen. So laufen beispielsweise Pflege und Betreuung/Therapie bereits organisatorisch teilweise unverbunden nebeneinander. Betreuungspersonen, insbesondere jene, die nach § 87b SGB XI finanziert werden, sind in manchen Einrichtungen dem Sozialen Dienst angegliedert. Dadurch erfolgen beispielsweise Absprachen über die Teilnahme von Bewohnenden an Einzel- oder Gruppenbetreuung sowie über die Dienstpläne der Betreuungspersonen in der Regel nicht oder nur am Rande mit den Wohnbereichsleitungen oder den beruflich Pflegenden. Informationen und Beobachtungen von Betreuungspersonen werden vor allem informell und mündlich an beruflich Pflegende während des regulären Tagesarbeitsablaufs weitergegeben. Ein regelmäßiger Austausch in einem formell-offiziellen Rahmen erfolgt, wenn überhaupt, auf Leitungsebene zwischen Betreuungsmitarbeitenden und Mitarbeitenden des Sozialen Dienstes, der Wohnbereichs- oder Pflegedienstleitung. Dies geschieht jedoch oftmals ohne Beteiligung professionell Pflegender. Betreuungsmitarbeitende haben zwar grundsätzlich Zugang zur Dokumentation der professionell Pflegenden. Allerdings konnten wir kaum beobachten, dass sich Betreuungspersonen mit den dort verzeichneten Informationen regelmäßig befassten und auseinandersetzten. Dies mag auch daran liegen, dass Betreuungspersonen nicht immer über die Voraussetzungen verfügen, eine Pflegedokumentation lesen zu können oder davon ausgehen, dass dies nicht ihr Bereich sei.

Zur Betreuungstätigkeit gehört auch, jemandem zuzuhören oder die Person in den Arm zu nehmen. Wissen, das über medizinisch-körperpflegerische Informationen bzw. Parameter hinausgeht, gehört unabdingbar zu den Voraussetzungen, um beide Konzepte im Sinne ihrer ganzheitlichen Gesamtausrichtung und ihres Menschenbildes anzuwenden und umzusetzen. So ist an dieser Stelle darauf hinzuweisen, dass die Praxis in den Einrichtungen diesem Anspruch der Konzepte nur unzureichend entspricht.

Es lassen sich keine Aussagen darüber treffen, ob und welche *Wirkungen und Nebenwirkungen* auftreten, wenn beide Verfahren regelmäßig, systematisch sowie dem vermittelten Schulungswissen entsprechend zur Umsetzung gelangen.

Grundsätzlich ist auf die Schwierigkeit hinzuweisen, bei Personen mit Demenz überhaupt von *Effekten* aufgrund einer bestimmten Intervention sprechen zu können (Innes 2014; Bartholomeyczik/Halek 2011). Da Personen mit Demenz je nach Krankheitsstadium scheinbar kaum noch zur reflektierten Selbstauskunft in der Lage sind und das Verstehen ihrer Äußerungen von den Deutungsfähigkeiten des Gegenübers abhängt, sind Effekte jeweils mehr zu vermuten als zweifelsfrei festzustellen. Vor diesem Hintergrund sind die nachfolgenden Ausführungen teilweise als heuristische Annahmen oder auch als Fragen an die Konzepte zu verstehen. So wäre etwa zu fragen, ob aufgrund bestimmter Regeln der Integrativen Validation nicht die Gefahr besteht, Personen mit Demenz zu unterfordern und eventuell noch vorhandene Ressourcen nicht wahrzunehmen und dann entsprechend nicht zu fördern. Dies bezieht sich auf Regeln wie „nicht interpretieren", „nicht auf Inhalte eingehen", „auf Fragen verzichten", „schwierige/belastende Themen im Sinne des sogenannten ‚Objekts der Betrachtung' vermeiden" (Richard 2011b, S. 12). In diesem Zusammenhang lässt sich auch fragen, ob die Anwendung der Integrativen Validation nicht dazu führen kann, konkrete Ursachen eines Verhaltens unter Umständen nicht wahrzunehmen, wenn Mitarbeitende im Sinne der Methodik darauf verzichten, Fragen zu stellen oder Verhaltensweisen zu interpretieren.

Es gibt jedoch auch Beobachtungen und Aussagen von Mitarbeitenden, die zeigen, dass bereits durch kurzes Ansprechen eines *Gefühls*, eines *Antriebs* oder eines Schlüsselwortes Personen mit Demenz eine höhere Aufmerksamkeit bzw. Wachheit oder beispielsweise ein Lächeln zeigten.

Hinsichtlich der Basalen Stimulation weisen die Mitarbeitenden darauf hin, dass es ihnen mit diesem Konzept gelingt, Bewohnende zu beruhigen oder Entspannung zu bewirken. Vereinzelt deuten sie an, dass sie durch stimulierende Maßnahmen ein direkten *körperlichen Effekt* erzielen können, beispielsweise einen verbesserten Stand durch vorheriges Ausstreichen der Beine oder eine reduzierte Spastik bzw. ein besseres *Verständnis* für bestimmte Pflegehandlungen bei Bewohnenden, etwa beim Anziehen von Strümpfen.

Die ausgewerteten Daten von Anwender- und Nicht-Anwender-Einrichtungen deuten darauf hin, dass positive Pflege- und Betreuungseffekte zu einem gesteigerten körperlichen oder emotionalen Wohlbefinden von Personen mit Demenz führen, wenn es Mitarbeitenden gelingt, mit der Person in einen persönlich-emotionalen Kontakt und Austausch zu gelangen. Vor dem Hintergrund dieser Beobachtung gehen Integrative Validation und Basale Stimulation von Annahmen aus, die für den Umgang mit Personen mit Demenz von großer Bedeutung sind. Mitarbeitende machen explizit auf diesen Aspekt aufmerksam, beispielsweise auf die Haltung und Beziehungsorientierung.

> *FH: Aber das ist natürlich auch die Frage, ob man das wirklich will. Und wenn man das nicht rüberbringen kann, dann sind das nur Sätze, die man sich auch einfach sparen kann. (...) Gerade Basale Stimulation kann man super abarbeiten. (...) Also bei einer Basalen Stimulation MUSS man mit der Person ja nicht in Kontakt treten. Das muss man nicht. (...)*
> *Interviewer: Kann aber trotzdem basal stimulieren?*
> *FH: Genau. Man kann die Beine ausstreichen und das hat natürlich dann relativ wenig Effekt. (Auszug 6 Interviewtranskript: KA2_I_A_Frau Heino, IVA Grund- und Aufbaukurs, IVA-Teamerin)*

Diese Erfahrung einer Mitarbeiterin mit Grund- und Aufbaukurs in Integrativer Validation und Basaler Stimulation wirft auch die Frage auf, wie sich letztlich die positiven Effekte auf das Wohlbefinden von Personen mit Demenz erklären lassen. Ebenso ist fraglich, welche Bedeutung hier jeweils den Maßnahmen und Methoden bzw. Regeln der Konzepte überhaupt beizumessen ist. In diesem Zusammenhang ist auch eine Aussage der Expertengruppe der „Rahmenempfehlungen zum Umgang mit herausfordernden Verhaltensweisen bei Menschen mit Demenz in der stationären Altenhilfe" einzuordnen. Sie hebt nicht nur die grundsätzliche Bedeutung von Beziehungsaspekten im Umgang mit Personen mit Demenz hervor, sondern betont auch, dass „die eigene Person das Hauptarbeitsmittel zur Entwicklung einer akzeptierenden, vertrauensvollen und verlässlichen Beziehung" (BMG 2006, S. 33) ist. An dieser Stelle ergeben sich für uns entscheidende Fragen, auf die wir in den Konzepten nur unzureichende Antworten finden. Sie beziehen sich auf die Persönlichkeit einer Pflege- und Betreuungsperson im Umgang mit Personen mit Demenz und könnten Hinweise erbringen, warum bei den untersuchten emotionsorientierten Konzepten der Transfer von der Theorie in die Praxis offenbar auf Hindernisse stößt.

4.3 Erste Zusammenfassung

GW: Es ist so THEORIE UND PRAXIS, wie hat der Chef gesagt? Theorie ist dann gut, wenn sie in der Praxis funktioniert. Da hat er Recht. (Auszug 7 Interviewtranskript: HE1_I_NA_Fr. Weiland/Fr. Kraus, S. 3)

Wie aus unseren Ausführungen hervorgeht, konnten wir im Alltag der besuchten *Anwender-Einrichtungen* nicht erkennen, dass Integrative Validation und Basalen Stimulation systematisch und regelmäßig in einer Weise zum Einsatz kommen, wie sie in den Unterrichtseinheiten vermittelt werden[22]. Wendeten die Mitarbeitenden die Verfahren an, so erfolgte dies in je individueller, beliebiger Form und somit nicht systematisch bzw. regelmäßig. Die Konzepte kamen auch dann nicht zum Einsatz, wenn sich das Verhalten der Personen mit Demenz als *herausfordernd* beschreiben ließ (James 2013). Dieses *Ergebnis* überraschte uns. Es führte uns schließlich dazu, dass wir nicht – wie methodisch vorgesehen – eine fallspezifische Kontrastierung zwischen *Anwender-* und *Nicht-Anwender-Einrichtungen* durchführen konnten.

Offenbar haben wir es mit bedeutsamen Schwierigkeiten des Wissenstransfers beider Konzepte von der Theorie in die Praxis zu tun. Dies wirft die Frage auf, wer oder was den Transfer ver- bzw. behindert? Worin gründen die Schwierigkeiten, emotionsorientierte Verfahren in den Pflegealltag zu integrieren? Lassen sie sich überhaupt integrieren – und wenn ja, unter welchen Voraussetzungen? Bei dieser Frage liegt es nahe, zunächst jene Aspekte und Faktoren in Betracht zu ziehen, welche die Mitarbeitenden selbst erwähnten. Wir resümieren kurz:

Vor allem die ungünstigen Rahmenbedingungen waren ein Thema für die Mitarbeitenden. Dazu zählten sie in herausragender Weise einen Mangel an zeitlichen sowie personellen Ressourcen, fehlende Ruhe, einen Mangel an Informationen über die Bewohnenden sowie nicht vorhandene bzw. ungenügende Absprachen zwischen Mitarbeitenden bzw. Mitarbeitergruppen, das Empfinden, noch nicht ausreichend geschult zu sein, aber auch zu große integrierte Wohnbereiche oder zu wenig Unterstützung von Seiten

---

22 Die Forschenden haben alle Kurseinheiten der IVA besucht. Zudem zielt ein Dissertationsvorhaben zu Formen der Interaktion und Kommunikation mit Personen mit Demenz darauf ab, die Integrative Validation anhand von ethnographischem Datenmaterial aller Kurseinheiten zu rekonstruieren. Der Schwerpunkt liegt hierbei auf den Analysen des videographischen Materials, das von Anne Honer und Thomas Beer als Schulungsteilnehmer gesammelt wurde sowie den beobachtenden Teilnahmen und Interviews mit Nicole Richard. Eruiert werden soll, was die Integrative Validation eigentlich ist und wie diese konkret von Nicole Richard vermittelt wird.

der Leitungsebenen. Nicht zuletzt weisen die Autorinnen und Autoren der beiden Konzepte nachdrücklich darauf hin, dass bestimmte institutionelle und organisatorische Bedingungen gegeben sein sollten, um Integrative Validation und Basalen Stimulation umsetzen zu können. Diese Bedingungen reichen von Anforderungen an das Management bis zur Umgebungsgestaltung (Bienstein/Fröhlich 2010; Nydahl/Bartoszek 2012; Richard 2014; BMG 2006). Bei Fragen des Transfers in die pflegerische Praxis sind auch jene Aspekte anzuführen, die Mitarbeitende als problematisch empfinden. Beispielsweise kommen sie sich beim Validieren „komisch vor" oder das Spiegeln von Emotionen entspricht nicht ihrem persönlichen Naturell. Ein relevanter Faktor ist es auch, dass beim Anwenden der Konzepte neue Problemsituationen entstehen können. Dennoch müssen wir uns die Frage stellen, ob solche Gründe die offenbar vorhandenen Transferprobleme beider Konzepte hinreichend erklären können. Insbesondere die folgenden Beobachtungen geben uns Anlass, nach weiteren Gründen zu suchen:

- Mitarbeitende wendeten die Konzepte auch dann nicht an, wenn nach Einschätzung der Forschenden die zeitlichen und personellen Ressourcen und auch weitere günstige Rahmenbedingungen vorhanden waren[23].
- In Interviews und situativen Gesprächen äußerten professionell Pflegende immer wieder, dass „der Mensch" im Mittelpunkt stehen soll. Sie bedauern, dass es „die Zeit" nicht zulässt, sich mehr um „den einzelnen Bewohner zu kümmern". Eine solche Zuwendung und Aufmerksamkeit liegt im Sinne beider Konzepte. Es zeigte sich jedoch, dass professionell Pflegende in der Regel auch bei vorhandenen zeitlichen Ressourcen nicht aktiv auf die Bewohnenden zugehen. Sie nehmen keinen Kontakt auf, der den Bindungsimpulsen von Personen mit Demenz entsprechen könnte.
- Nach Einschätzung der Betreuungspersonen nehmen professionell Pflegende Tätigkeiten, die über ein körperpflegerisches und medizinisches Betreuen und Versorgen hinausgehen, nicht als „richtige" und sogar als „anstrengende" pflegerische Arbeit wahr. Entsprechend beklagen Betreuungspersonen, dass sie von ihren

---

23 Zumindest in einer Anwender-Einrichtung können wir davon sprechen, dass insbesondere die Leitungsebene dezidiert versuchte, möglichst günstige Rahmenbedingungen für die Anwendung und Umsetzung der Konzepte zu schaffen. In diesem Haus war beispielsweise eine ausgebildete Trainerin für Integrative Validation beschäftigt, die jederzeit ansprechbar war. Außerdem gab es regelmäßige Fallbesprechungen im Rahmen von IVA-Runden, geleitet von geschulten IVA-Teamerinnen und Teamern. Die Anzahl der mindestens auf Grundkurs-Niveau geschulten Mitabreitenden war dort überdurchschnittlich hoch.

pflegenden Kolleginnen und Kollegen wenig Anerkennung für ihre Arbeit erfahren.
- Obwohl Mitarbeitende im Sinne der Konzepte dem persönlichkeitsbezogenem biographischem Wissen bei der Pflege und Betreuung von Personen mit Demenz hohe Bedeutung beimessen, ist kaum beobachtbar, dass sie in der Praxis etwas unternehmen, um diesem Anspruch gerecht zu werden[24].
- Mitarbeitende *beklagen* einerseits eine ungenügende Kooperation bzw. Absprache zwischen den Mitarbeitergruppen. Andererseits waren keine Versuche zu beobachten, dies zu verändern.

Wir sehen uns hier mit Widersprüchen konfrontiert, die unserer Vermutung nach dem Bewusstsein der Mitarbeitenden weitgehend entzogen sind. Gerade deshalb gilt es, diese Widersprüche zu klären.

4.4 Anspruch und Wirklichkeit

Zu den wichtigsten Feldbeobachtungen zählt für uns auch die wahrnehmbare Diskrepanz zwischen den von Personen mit Demenz geäußerten emotionalen Bedürfnissen nach Aufmerksamkeit, Nähe und Zuwendung und den überwiegend distanziert bzw. funktional wirkenden Kommunikations- und Umgangsweisen der Pflegemitarbeitenden.

Die Literatur bestätigt, dass Mitarbeitende der Pflege dazu neigen, mit Personen mit Demenz in einer Weise zu interagieren, die Kitwood (2008, S. 63 ff.) als „Untergraben des Personseins" oder „maligne Sozialpsychologie" beschrieben hat (Gröning 2000; Sachweh 2000; Koch-Straube 2003; Arens 2005; Rennecke 2005; Newerla 2012). Die emotionalen Bedürfnisse und die Verletzlichkeit von Personen mit Demenz wahrzunehmen und ihr Person-Sein zu erhalten, ist keine Selbstverständlichkeit. Vermutlich deshalb fordern Integrative Validation und Basale Stimulation Mitarbeitende dazu auf, Personen mit Demenz wertschätzend, emphatisch, authentisch, respektvoll und auf einer Beziehungsebene zu begegnen. Erstaunlicherweise gehen beide Konzepte nicht der Frage nach, aus welchen Gründen eine „personzentrierte Pflege" im Sinne Kitwoods (2008) nicht selbstverständlich

---

24 So war fast durchgehend zu beobachten, dass Aufzeichnungen zur Biographie nicht oder nur unvollständig ausgefüllt waren. Fast immer fanden sich diese Daten erst am Ende der Dokumentation. Aktualisierte Informationen oder Ergänzungen fehlten. Waren Angehörige von Personen, die als ‚schwierig' galten, regelmäßig in der Einrichtung zu Besuch, hielten die Mitarbeitenden es nicht für selbstverständlich, diese Angehörige anzusprechen, um von ihnen möglicherweise hilfreiche Informationen zu erfahren.

ist, obwohl Mitarbeitende – auch in unseren Interviews und Gesprächen – immer wieder betonen, dass es „um den Menschen" geht. Ebenso wenig thematisieren die Konzepte der Integrativen Validation und der Basalen Stimulation, was das Erhalten des Person-Seins aus der Perspektive einer Pflege- oder Betreuungsperson überhaupt bedeutet.

Wir gehen davon aus, dass die von Mitarbeitenden oder Konzeptvertretern genannten, in der Regel sehr konkreten und praktischen Gründe, nicht hinreichend sind, um zu erklären, wer und was eine Implementation der Konzepte in den Pflegealltag verhindert. Deshalb müssen wir zunächst einmal sehr grundsätzliche Fragen stellen: Wie können wir die wahrgenommenen Widersprüche zwischen den formulierten Ansprüchen und dem Handeln der Mitarbeitenden in der Alltagspraxis erklären? Warum handeln Mitarbeitende so, wie sie handeln?

Eine Antwort auf diese beiden Fragen möchten wir auf der Grundlage von Annahmen geben. Diese gründen auf Hinweisen, die sich teils während der Feldbeobachtungen, insbesondere aber in den ausgewerteten Daten als bedeutsam erwiesen haben.

4.4.1 Begegnungen im Spannungsfeld zwischen ‚Absicherung' und ‚Orientierung'

Verhaltens- und Handlungsweisen *sowohl* der Mitarbeitenden *als auch* der Personen mit Demenz sind jeweils in hohem Maße von Bedürfnissen nach Sicherheit und Kontrolle beeinflusst. Auf Seiten der Mitarbeitenden besteht eher das Bedürfnis, *sich abzusichern*. Bei Personen mit Demenz steht das Bedürfnis nach Orientierung im Vordergrund.

Mitarbeitende schilderten in *situativen Gesprächen* während der Feldbeobachtungen sowie in Interviews immer wieder, dass sie die Arbeit bzw. die Begegnung mit Personen mit Demenz anders erleben als mit orientierten Bewohnerinnen und Bewohnern. Im Sinne eines kleinsten gemeinsamen Nenners lässt sich zusammenfassend sagen, dass der Arbeitsalltag der Mitarbeitenden von einem erhöhten oder sogar sehr hohen Maß an Verunsicherung geprägt ist. Diese Verunsicherung bezieht sich auf das Wahrnehmen der Menschen mit Demenz und die Interaktion mit ihnen. In einem solchen Zusammenhang sprach Schütz (1971) von einer *Reziprozität der Perspektiven*. Normalerweise ist eine „Vertauschbarkeit der Standpunkte und Kongruenz der Relevanzsysteme" gegeben (ebd., S. 12). Dies ermöglicht, Handlungen aufeinander abzustimmen. In der Arbeit mit Personen mit Demenz ist diese Voraussetzung als brüchig oder nicht mehr gegeben anzusehen. Somit verlieren eingeübte, verlässliche Kommunikations- und Aushandlungsprozesse zwischen zwei Subjekten ihre Verlässlichkeit. Dies gilt auch für vertraute Kommunikations- und Handlungsstrategien. Exemplarisch kommt dies im folgenden Interviewausschnitt zum Ausdruck:

> GW: Das muss kein herausforderndes Verhalten sein, das kann ZU-machen sein und Verkrampfen. Es kann nicht dieses Ruhige und Entspannte sein. Und das zeigt mir: Also gut, sie kann natürlich auch gerade Blähungen haben oder sonst irgendwas. JA, tut auch weh, dann kann ich auch nicht so schön. Aber meistens sehe ich dann: Hey, du bist grad völlig fehl am Platz. Dann gehst du nochmal raus, wenn es GAR NICHT GEHT, zum Beispiel bei herausforderndem Verhalten oder wenn ich nicht ran komme. Ich kann mich auch einfach nur daneben setzen. Da passiert was zwischen den beiden. Ich weiß nicht, was. Also bei mir ist es oft so, nicht bei ALLEN. Aber wenn ich jetzt hier bin oder irgendwo oben und mache eigentlich nur DAS in Anführungszeichen, ist das ja eigentlich noch keine körperliche Arbeit. Manchmal innerhalb von Minuten bricht mir der Schweiß aus. [...] Der Mund ist VÖLLIG AUSGETROCKNET. Hab ich dann gesagt: Was ist das denn? Ich war völlig, ich war da überhaupt nicht drauf vorbereitet. Und da hab ich mit der Kollegin gesprochen und sie hat gesagt: Ja, klar ist doch logisch. Ich sage: Wie? Was ist logisch? Ich sitze da DUMM RUM, mache gar nichts und bin völlig. Da sagt sie: Der zapft dich an. (Auszug 8 Interviewtranskript: HE1_I_NA_Fr. Weiland/Fr. Kraus)

Dieser Interviewausschnitt macht die Verunsicherung der Mitarbeiterin deutlich. Sie weiß nicht, wie sie das Verhalten und die Befindlichkeit einer Person mit Demenz deuten soll. Dies zeigt sich an der häufigen Verwendung des Modalverbs „können". Etwas „*kann*", „muss" aber nicht sein. Geradezu zwangsläufig führt dies dazu, dass die Mitarbeiterin in ihrem Handeln unsicher ist. Sie fühlt sich „fehl am Platz", geht „nochmal raus". Auch weiß sie nicht, wie sie an die Bewohnerin „heran kommt". Sie setzt sich „daneben", es „passiert etwas", doch sie „weiß nicht, was". Es passiert „oft so", aber „nicht bei ALLEN". „Innerhalb von Minuten" bricht ihr „der Schweiß aus", obwohl es „keine körperliche Arbeit" ist. Sie ist erschöpft, sie war „überhaupt nicht darauf vorbereitet", sitzt „da DUMM RUM", macht „gar nichts", ist „völlig ausgetrocknet" und wird „angezapft".

Diese Sequenz macht einige spezifische Merkmale, Anforderungen und Herausforderungen in der Arbeit mit Personen mit Demenz deutlich. Auf der Grundlage der ausgewerteten Daten lassen sich unter anderem folgende Charakteristika bezüglich der Verunsicherung im Kontakt mit Personen mit Demenz anführen:

Charakteristikum	Ausprägung (Beispiele)
Sich immer wieder auf Neues, Anderes einstellen	Reagieren auf überraschende Wechsel von Stimmungen und Befindlichkeiten sowie auf die wechselnde (kognitive und physische) Tagesform der Personen mit Demenz.
Wahrnehmen, deuten, interpretieren, einschätzen von Verhaltensweisen, Bedürfnissen	Liegt überhaupt Demenz vor? Was sieht eine Person mit Demenz in mir? Welche Rolle schreibt sie mir zu?
Nichts erklären können, sich nicht erklären können	Nicht vermitteln können, warum etwas wichtig ist; Person mit Demenz „macht nicht mit", „versteht" nicht (insbesondere in Körperpflegesituationen)
Entscheidungen treffen, Verantwortung übernehmen	Zeuge sein und den Verlust selbstverantwortlichen Entscheidens und Handelns bei Personen mit Demenz miterleben
Permanente Aufmerksamkeit	Ständige Gefahr der Selbst- und Fremdgefährdung
Einen „Zugang" finden, Personen mit Demenz „verstehen"	Konfrontiert sein mit dem Verlust verbaler Ausdrucksfähigkeit; Notwendigkeit des Deutens, Interpretierens, Einschätzens

Teilweise schildern Mitarbeitende die Begegnung mit Personen mit Demenz im Pflege- und Betreuungsalltag auch in einer Weise, die positive, entlastende Aspekte ihrer Arbeit erkennen lässt. Dies wird im folgenden Interviewausschnitt deutlich:

> FS: Ja, ich finde, sie haben so was Spontanes, Ehrliches und Direktes. Dass sie sich irgendwie nicht so verstellen, das gefällt mir sehr gut im Kontakt. (Auszug 6 Interviewtranskript: AT1_I_A_Fr. Schramm-Möller)

Mitarbeitende nehmen also im Verhalten und im Ausdruck der Personen mit Demenz eine Authentizität und Spontanität wahr, die sie schätzen. Auch beschreiben sie deren „feine Antennen" und beobachten, dass gerade Personen mit Demenz sehr feinfühlig ihre Tagesform und Befindlichkeit wahrnehmen. Geht es Mitarbeitenden schlecht, versuchen Personen mit Demenz beispielsweise, sie zu trösten. Beim Auswerten des Datenmaterials zeigte sich allerdings, dass Mitarbeitende das Konfrontiertsein mit dem Phänomen Demenz überwiegend in einer *herausfordernden* und anstrengenden Weise erleben und schildern. Dies lässt darauf schließen, dass sie im Vergleich zur Arbeit mit Personen ohne Demenz stärker in Anspruch genommen sind.

Ist in der Begegnung mit Personen mit Demenz von einer zunehmenden Brüchigkeit der Reziprozität der Perspektiven auszugehen und verlieren vertraute Kommunikations- und Handlungsweisen ihre Verlässlichkeit, wäre es nachvollziehbar, wenn Mitarbeitende diesem Sachverhalt Rechnung tragen möchten. Sie müssten dann ihre Kommunikations- und Handlungsstrategien so ausrichten, dass trotz bestehender Verunsicherungen ein höchstmögliches Maß an Sicherheit und Kontrolle in der Begegnung erlebbar ist. In den ‚Rahmenempfehlungen' des BMG (2006, S. 27) heißt es hierzu:

> „Die Behinderungen, die durch eine Demenz entstehen, können global als Kontrollverlust und Abhängigkeit von anderen verstanden werden. Der Kontrollverlust entsteht durch die kognitiven Einbußen im planerischen Handeln, durch Verlust von Alltagsfertigkeiten und Orientierungsvermögen, durch Gedächtnisverluste und durch den Verlust von sprachlichem Ausdrucksvermögen. Ebenso verändert sich die Wahrnehmung der Realität im Rahmen von Gegenwarts- und Vergangenheitsverschränkungen. Erinnerte Ereignisse werden nicht mehr als vergangen und abgeschlossen erlebt, sondern Erinnertes und Gegenwärtiges wird auf der Gegenwartsebene erlebt. Damit wird die Ich-Identität der Person mit Demenz brüchig, die persönliche Vergangenheit, Gegenwart und Zukunft kann nicht mehr geschlossen empfunden werden. (…) Mit dem Kontrollverlust über das eigene Leben wächst die Abhängigkeit von anderen Menschen, die subjektiv ebenfalls mehr oder weniger belastend empfunden wird".

Charakterisieren wir in diesem Sinne eine Demenz als zunehmenden Kontrollverlust und als wachsende Abhängigkeit von anderen Personen, dann wäre *auch* aus der Perspektive einer Person mit Demenz ein erhöhtes Bedürfnis nach Sicherheit und Kontrolle nachvollziehbar. Bedingt durch das Phänomen Demenz zeigen sich sowohl auf Seiten der Mitarbeitenden als auch bei Personen mit Demenz Sicherheitsbedürfnisse. Diesen Aspekt werden wir weiter unten nochmals aufgreifen und vertiefend darlegen.

4.4.2 Begegnungen im Widerspruch: Bedürfnisse

Das überwiegend funktionale und distanzierte Kommunizieren und Interagieren insbesondere der professionell Pflegenden mit Bewohnenden mit Demenz ist unserer Beobachtung nach nicht immer auf fehlendes Wissen um die besondere Verletzlichkeit und die psychoemotionalen Bedürfnisse von Personen mit Demenz zurückzuführen. Vermutlich handeln Mitarbeitende in ihrem Arbeitsalltag auch entgegen besserem Wissen.

> *FP: Ja, ja ganz stark Bestätigung und gerade bei Dementen, die brauchen mehr Beschäftigung, ja, mehr Zuwendung, mehr Begleitung. Person ja. Ich sag immer, das sind unsere kleinen Kinder, ja. (Auszug 9 Interviewtranskript: KO1_I_A_Polenta (examinierte Pflegefachperson))*

Bereits während der Beobachtungen zeigte sich, dass Personen mit Demenz insbesondere jene psychischen Bedürfnisse äußern, die Kitwood beschrieben hat: Bedürfnisse nach „Bindung", „Trost", „Identität", „Einbeziehung" und „Beschäftigung". Im Zentrum steht das psychische Bedürfnis nach „Liebe". Diese Bedürfnisse beziehen sich nach Kitwood auf das, was Personen mit Demenz „brauchen", um ihr Person-Sein zu erhalten. Da diese Personen weitaus verletzlicher und gewöhnlich nicht in der Lage sind, die zur Befriedigung ihrer Bedürfnisse notwendigen Initiativen zu ergreifen, sind diese Bedürfnisse laut Kitwood auch „deutlicher sichtbar" (Kitwood 2008, S. 121 ff.). Unsere Untersuchung kann diese Annahme bestätigen. Die Ergebnisse zeigen auf, dass ein Wissen um die psychischen Bedürfnisse von Personen mit Demenz offenbar in der Alltagserfahrung der Mitarbeitenden verankert ist, gleich welcher Berufsgruppe sie angehören. Dies verdeutlicht auch folgender Ausschnitt aus dem Datenmaterial:

> *FR: Vor allem muss man sie ernst nehmen. Die Demenzkranken suchen auch oft Nähe. Sie fühlen sich vielleicht irgendwie verloren. Sie suchen immer nach Nähe und dass jemand da ist, den sie kennen.*
> *Interviewer: Also Aufmerksamkeit und Zuwendung?*
> *FR: Das ist so, Bezugsperson, ja. (Auszug 10 Interviewtranskript: KO1_I_A_Frau Rochen (Betreuungsassistentin))*

Unsere Untersuchung zeigt, dass die Mitarbeitenden durchaus um psychische Bedürfnisse von Personen mit Demenz wissen. Dieses Wissen um die je individuellen Bedürfnisse *explorieren* sie anscheinend durch ihr Beobachten und ihr Handeln und somit aus ihrer Erfahrung. Dies verdeutlichten sowohl professionell Pflegende wie auch Betreuungspersonen – unabhängig davon, ob sie in Anwender- oder Nicht-Anwender-Einrichtungen tätig sind. Sie bestätigen, dass besonders die *direkte Ansprache* von Personen mit Demenz von Bedeutung ist. Idealerweise sollte die Ansprache von Augenkontakt oder Berührung begleitet sein. Ebenso entspricht es ihrer Erfahrung, dass im Umgang mit Personen mit Demenz das *Wahrnehmen und Berücksichtigen von Gefühlen* und das *Begegnen auf der Beziehungsebene* eine wichtige Rolle spielt, um überhaupt in Kontakt zu kommen und ein ‚Mitmachen' zu motivieren. Dass Personen mit Demenz ein fast kindlich-sehnsüchtiges Bedürfnis nach Aufmerksamkeit und Zuwendung haben, entspricht ebenfalls ihrem Erfahrungswissen.

Vor diesem Hintergrund können wir davon ausgehen, dass Mitarbeitende wissen oder zumindest erahnen, was Personen mit Demenz im Kitwoodschen Sinne „brauchen", um ihr Person-Sein zu erhalten (Kitwood 2008, S. 121 ff.).

Unsere Beobachtungen zeigten, dass insbesondere professionell Pflegende im Arbeitsalltag nur selten von sich aus Kontakt zu Personen mit Demenz suchen. Bei der Begegnung mit dieser Personengruppe neigen sie dazu, zu beschwichtigen, abzulenken, Äußerungen zu ignorieren, zu infantilisieren, zu vertrösten und falsche Zukunftsversprechen zu machen. Somit können wir davon ausgehen, dass Handeln und Verhalten weniger aus Unkenntnis, sondern sogar entgegen besserem Wissen geschehen. Damit stellt sich uns die Frage, ob und inwieweit Mitarbeitenden dieser Widerspruch bewusst ist. Stellt dies eine spezifische Belastung für Mitarbeitende dar? Und wirken diese Belastungen, beispielsweise in Form von Schuldgefühlen oder schlechtem Gewissen, wiederum auf die Art und Weise zurück, wie Mitarbeitende mit den Bewohnenden mit Demenz interagieren?

4.4.3 Begegnungen im Widerspruch: Selbst- und Fremdwahrnehmung

Die Verweise von professionell Pflegenden auf die ungenügenden oder schlechten Rahmenbedingungen ihrer Arbeit können nicht hinreichend erklären, weshalb sie nicht so pflegen, wie sie eigentlich pflegen möchten.

Eine weitere Diskrepanz zeigte sich zwischen dem beruflichen Selbstverständnis, das professionell Pflegende artikulieren und der Wahrnehmung ihres Alltagshandelns durch Dritte.

> *Als ich mich nach der Übergabe noch einmal im Stübchen aufhalte, sagt mir Gisela erneut, sie sei enttäuscht darüber, wie sich die Kolleginnen bei der Übergabe über die Bewohnerinnen unterhalten würden. Sie dachte, dass sie wenigstens ein bisschen Respekt hätten, wenn ich dabeisitzen würde. Aber auch das würde sie nicht abschrecken. Gisela verweist dabei auf Susi, die sich ihrer*

> Meinung nach unmöglich verhalten würde. Ihr fällt aber auch das Positive auf. So hätte sie zum Beispiel gut reagiert, als Frau Staud Herrn B. zum Geburtstag gratulieren wollte. Vielen würde es aber an Empathie und Leidenschaft fehlen. Das sei ja auch in Ordnung, aber ein bisschen brauche man das halt in diesem Beruf auf jeden Fall, sonst sei man fehl am Platz.
> Anne kommt in den Raum und wirkt aufgebracht. Sie habe jetzt auch bald die Nase voll: Immer nur „der Depp zu sein" und als „Basteltante" von den anderen abgestempelt zu werden. In den Augen der Pflege sei nur Waschen und Windelwechseln Arbeit. Sie sei selbst Altenpflegerin und wisse genau, was dies bedeuten würde. Trotzdem sei es mindestens genauso wichtig, die Menschen zu betreuen und nicht nur zu „waschen und ihnen das Essen in den Mund zu stopfen". Sowohl Gisela als auch Anne sind aufgebracht. Sie findet die Respektlosigkeit gegenüber ihnen unmöglich (...) Weder Validation noch Basale Stimulation sei dort oben beim Personal angekommen. Keine hätte gefragt, was sie eigentlich mit Frau Ebner gemacht habe und keiner hätte zugehört. (Auszug 6 Beobachtungsprotokoll: HE1_ME_NA_Übergabe_101013)

Vorrangig professionell Pflegende beklagten immer wieder, sich aufgrund der schlechten Rahmenbedingungen in der Pflege nicht so „um den einzelnen Bewohner kümmern" zu können, wie sie dies eigentlich möchten. Als Anspruch an ihre Arbeit und gleichsam als Ausdruck ihres beruflichen Selbstverständnisses formulieren insbesondere ausgebildete Altenpflegerinnen, alte Menschen nicht nur medizinisch-körperpflegerisch zu ‚versorgen' und deren körperlichen Zustand zu dokumentieren („satt und sauber"), sondern hinter jedem Einzelnen die Person zu sehen. Sie möchten „ganzheitlich" pflegen und begleiten, sich Zeit für den einzelnen Bewohner nehmen und auf dessen Bedürfnisse und Wünsche eingehen. Auch wenn es die Rahmenbedingungen oftmals nicht zuließen, versuchen sie dennoch, „das Möglichste" zu tun. Auffällig ist, dass nicht-pflegende Mitarbeitende, beispielsweise Betreuungspersonen, Servicemitarbeitende, Sozialer Dienst aber auch Mitarbeitende der Leitungsebenen wie Pflegedienstleitung und Einrichtungsleitung, die professionell Pflegenden in einer Art und Weise wahrnehmen, die ihrem beruflichen Selbstverständnis nicht entspricht. Dies kommt im folgenden Auszug exemplarisch zum Ausdruck:

> Dann sagt die Mitarbeiterin, dass sie hier doch alle arbeiten würden oder diesen Beruf ergriffen haben, weil ihnen das Menschliche, die Betreuung, das Soziale so wichtig sei und am Herzen liege. Dann sagt sie, dass sie dazu überhaupt nicht mehr kämen. Erstens, da sie die Zeit nicht hätten (Dokumentationspflichten, Qualitätskontrollen usw.). Zweitens würde ihnen durch die Soziale Betreuung, die es nun gibt (1-Euro-Beschäftigte, Betreuungsassistenz), diese Arbeit gewissermaßen weggenommen. „Verstehen sie es nicht falsch. Es ist gut, dass es diese sozialen Betreuungspersonen gibt. Aber eigentlich ist das doch unsere Aufgabe. Dadurch sind wir Fachpersonen jetzt nur noch auf die

Körperpflege reduziert. Dabei wollen wir doch den persönlichen Kontakt, das ist das Wichtigste". Ich wundere mich sehr darüber, denn die Pflegefachpersonen in dieser Einrichtung werden, so empfinde ich es nach wie vor, durch die 1-Euro-Beschäftigten und Servicemitarbeitende maximal entlastet. Die Pflegemitarbeitenden haben so viel Zeit und machen so viele Pausen, wie ich es in keiner anderen Einrichtung erlebt habe. Gerade sitze ich nun schon eine gefühlte halbe Ewigkeit mit Mitarbeitenden im Dienstzimmer. Die Pflegemitarbeitenden haben Zeit. Gelegenheiten, um Bewohnerinnen und Bewohner sozial zu betreuen, gibt es mehr als genug, trotz der 1-Euro-Beschäftigten und der Betreuungsassistenz. Ich wundere mich auch deshalb über die Aussage, da bisher alle Leitungspersonen, mit denen ich gesprochen habe, darauf verwiesen haben, dass ihrem Eindruck nach die Pflegemitarbeitenden mit Betreuungsaufgaben eigentlich nichts zu tun haben möchten. Frau F. sagte, ihrem Eindruck nach sehen Pflegemitarbeitende die Arbeit der sozialen Betreuung nicht als „richtige Arbeit" an. Wo es nur geht, drücken sie sich vor den Präsenzdiensten. Sowohl die Pflegedienstleitung als auch die Einrichtungsleitung und eine Mitarbeiterin des Sozialen Dienstes sagten, dass sich die Pflegefachpersonen klar mit der Körperpflege, der Dokumentation und sauber gefalteter Bettwäsche identifizieren – und nicht mit Betreuungsaufgaben. (Auszug 7 Beobachtungsprotokoll: Ko1_BP_A_140412)

Die Selbstwahrnehmung professionell Pflegender als Berufsgruppe bzw. als Personen, die eigentlich vor allem dafür da sein möchten, Menschen nicht nur körperlich zu versorgen, sondern für den ganzen Menschen da zu sein, zeigte sich bei der Analyse des Datenmaterials insbesondere im Zusammenhang mit dem Thema der schlechten Rahmenbedingungen und der Arbeitszufriedenheit. In den Interviews befragten wir Mitarbeitende regelmäßig danach, wann und wodurch sie ihre Arbeit als befriedigend empfinden. Zufrieden zeigen sich die Pflegenden vor allem dann, wenn sie spüren, dass sich eine Bewohnerin bzw. ein Bewohner wohlfühlt, wenn sie ein Lächeln und Dankbarkeit wahrnehmen und sie Zeit haben, sich intensiv um eine einzelne Person zu kümmern.

Fragen von hoher Forschungsrelevanz lauten deshalb: Weshalb setzen professionell Pflegende die Inhalte und Ansprüche, die sie bei der Schilderung ihres beruflichen Selbstverständnisses zum Ausdruck bringen, nicht oder nur selten in ihrem praktischen Alltagshandeln um? Nehmen Pflegefachpersonen diese Diskrepanz selbst wahr oder fällt nur Dritten diese Kluft auf? Hat es immer oder überwiegend etwas mit den von den Mitarbeitenden beklagten schlechten Rahmenbedingungen zu tun, dass sie im Arbeitsalltag nicht so handeln können, wie sie ihrem beruflichen Selbstverständnis nach eigentlich handeln möchten? Betreuungspersonen nehmen das Verhalten von einzelnen Pflegefachpersonen gegenüber den Bewohnenden als respektlos wahr (vgl. Protokollauszug 6), beispielsweise, weil sie taktlos über diese sprechen. Trotz ihres Anspruchs, ganzheitlich pflegen zu wollen, unterscheiden sie immer wieder zwischen Pflege und Betreuung und gehen davon aus, dass sie *entweder* den Körper pflegen *oder* betreuen könnten. Dies bringt die Mitarbeiterin in Protokollauszug 7 zum Ausdruck, indem sie schildert, dass Betreuungspersonen ihr die betreuerische Arbeit „wegnehmen würden" und sie nur noch auf Körperpflege reduziert sei. Nehmen professionell Pflegende betreuerische Tätigkeiten nicht als „richtige Arbeit" wahr und fühlen sich Betreuungspersonen als „Basteltante" und „Depp" entwertet, können die Verweise der Pflegenden auf „schlechte Rahmenbedingungen" nicht vollkommen überzeugen. Häufig erwähnen sie fehlende zeitliche Ressourcen, die verhindern, dass sie genauso ganzheitlich arbeiten können, wie möchten. Können „schlechte Rahmenbedingungen" allein erklären, dass „nicht-pflegende" Mitarbeitende pflegende Kolleginnen und Kollegen in einer Weise wahrnehmen, dass diese sich „ganz klar mit der Körperpflege, der Dokumentation und sauber gefalteter Bettwäsche identifizieren – und nicht mit Betreuungsaufgaben"?

4.4.4 Begegnung mit Distanz

Funktionales, distanziertes Handeln bzw. Verhalten in der Begegnung mit Personen mit Demenz verleiht Mitarbeitenden Sicherheit und ermöglicht ihnen, die Situation unter Kontrolle zu haben.

Im Forschungsfeld dominieren Kommunikations- und Interaktionsweisen sowie Handlungsstrategien der Mitarbeitenden gegenüber Personen mit Demenz, die einer personzentrierten Pflege, wie sie in den Konzepten der Basalen Stimulation und der Integrativen Validation zum Ausdruck kommt, nicht entsprechen. Das funktionale und distanzierte Verhältnis der Mitarbeitenden zu den Bewohnenden zeigt sich in besonderer Weise in alltäglichen Redewendungen und Begrifflichkeiten: „Jemanden fertig machen", „Wie viele hast du schon gemacht?", „die Leute", „der Demente". Häufig sind auch Etikettierungen wie „der Läufer", „der Rufer". Ebenso typisch ist das Verwenden von „der" oder „die" statt des Namens einer Person. Bedeutsam sind jedoch auch bekannte Phänomene wie das sogenannte „Pflege-Wir" oder „Baby-Talk" (Sachweh 2000; Sachweh 2012).

Auf der Grundlage unserer bisherigen Erkenntnisse gehen wir davon aus, dass den Mitarbeitenden die psychischen Bedürfnisse von Personen mit Demenz bewusst sind. Auch haben sie im Rahmen ihres beruflichen Selbstverständnisses den Anspruch, nicht nur einen Körper zu „versorgen", sondern den *ganzen Menschen* zu sehen und zu „umsorgen". Vor diesem Hintergrund ist anzunehmen, dass damit essentielle Voraussetzungen für das Anwenden und Umsetzen personzentrierter Pflegeansätze vorhanden sein sollten. Umso mehr ist nach Gründen zu suchen, die funktionelles und distanziertes Handeln und Verhalten erklären und sich nicht (nur) auf ungünstige Rahmenbedingungen in der Pflege zurückführen und beschränken lassen. Der Alltag mit Personen mit Demenz ist für Mitarbeitende in hohem Maß von der Übernahme von Verantwortung für Dritte bestimmt. Das Handeln dieser Personen ist teilweise unvorhersehbar und wirkt konfus (Newerla 2012). Anders als bei „normalen, hellwachen Erwachsenen" (Honer 2013, S. 139) ist die Arbeit mit Menschen mit Demenz von Verunsicherung gekennzeichnet. Dies führt bei den Mitarbeitenden wiederum zu erhöhten Sicherheitsbedürfnissen im Sinne von ‚sich absichern'. Hier entwickeln Mitarbeitende Verhaltens- und Handlungsweisen bzw. -strategien gegenüber Personen mit Demenz, die ihnen Sicherheit verleihen und Kontrolle ermöglichen. Dies führt zu der Frage: Ermöglichen Funktonalität und Distanz im Umgang mit Personen mit Demenz für Mitarbeitende eine Art ‚Mehrwert', der ihnen Sicherheit verleiht und Selbst- bzw. Fremdkontrolle ermöglicht?

4.4.5 Das Bedürfnis nach Ruhe

Die *Neigung* von Mitarbeitenden, das *unruhig wirkende* Verhalten von Personen mit Demenz als *Unruhe* wahrzunehmen und zu beschreiben sowie zu versuchen, diese zu beruhigen, könnte eine Reaktion bzw. Handlungsstrategie sein. Diese dient vorrangig dem Ziel, Kontrolle sowohl über sich selbst und die eigenen Gefühle als auch über Personen mit Demenz herzustellen.

Ruhe ist ein Phänomen, dessen Tragweite sich erst allmählich im Analyseprozess zeigte. Dabei wurde deutlich, dass ‚Ruhe' in unterschiedlichsten Ausprägungen für Mitarbeitende von großer Bedeutung ist. Auf einen dieser Bedeutungsaspekte weist der nachfolgende Interviewausschnitt hin:

> *FK: Wir wissen gar nicht, ob sie überhaupt (…) hier rein passt, weil sie natürlich auch viel Unruhe reinbringt. Wenn man [da] (…) nicht irgendwann mal Ruhe hineinbringt, ist es ja für die anderen Bewohner auch eine Zumutung. (…) Sie ist jetzt, würde ich sagen, schon so integriert und ruhig. (Auszug 11 Interviewtranskript: WH2_I_A_Kurz)*

Es wird deutlich, dass *Ruhe* ein Zustand ist, um den sich Mitarbeitende fast unentwegt bemühen. Beispielsweise versuchen sie, selbst ruhig zu sein, Ruhe zu finden, „erst mal runterzukommen", „sich nicht aus der Ruhe bringen zu lassen" und Ruhe zu bewahren. Andererseits ist es ihnen ein Anliegen, einzelne Bewohnerinnen und Bewohner zu beruhigen oder „Ruhe hineinzubringen", teilweise sogar im Sinne einer *verordneten Ruhe*. Im Interviewausschnitt bezeichnet die Mitarbeiterin das offenbar erfolgreiche Bemühen darum, eine als *unruhig* empfundene Bewohnerin zu beruhigen als gelungene Integration dieser Person in den Wohnbereich. Obwohl die Mitarbeiterin unruhiges Verhalten für eine „Zumutung" für die anderen Bewohnenden hält, können wir davon ausgehen, dass sie selbst hier implizit auch eine Wunsch- oder Idealvorstellung zum Ausdruck bringt: ein ruhiger Wohnbereich mit Bewohnenden, die ruhig sind.

Unserer Einschätzung nach neigen die Mitarbeitenden dazu, insbesondere solches Verhalten von Personen mit Demenz als „unruhig" wahrzunehmen und zu beschreiben, das sie in der Durchführung routinierter Arbeits-, Alltags- und Zeitroutinen beeinträchtigt. Dazu zählt auch ein Verhalten, das aus ihrer Sicht eine Selbst- oder Fremdgefährdung darstellt. Ob Mitarbeitende *intervenieren,* indem sie versuchen, Personen mit Demenz abzulenken oder sie vertrösten bzw. beschwichtigen – stets besteht das Ziel darin, die Person mit Demenz und sich selbst bzw. die Situation zu beruhigen. Diese *Gewohnheit* der Mitarbeitenden zeigt sich sehr eindrücklich, wenn sie über ihre Erfahrungen mit Integrativer Validation sprechen. Statt extrovertiertes Verhalten entsprechend zu spiegeln, neigen Mitarbeitende geradezu *reflexhaft* dazu, auf die Person beruhigend einzuwirken. Einige Mitarbeitende schilderten, dass sie erst *danach* versuchen können, ‚auch ein bisschen zu validieren' (vgl. Auszug 2, KA1_I_A_Fr. Mischer). Mit diesem Eigenbedürfnis konterkarieren sie geradezu den Ansatz der Integrativen Validation.

Auch beim Anwenden Basaler Stimulation zeigte sich, dass dies vorrangig mit dem Ziel geschieht, eine Person mit Demenz zu beruhigen[25]. Basale Stimulation kommt in der Regel vor allem dann zum Einsatz, wenn bestimmte günstige Rahmenbedingungen gegeben sind. Dazu zählt für Mitarbeitende nicht nur, zuvor für Ruhe zu sorgen, um nicht gestört zu werden. Zugleich müssen sie auch „in der Stimmung" sein und „innere Ruhe" haben (vgl. Auszug 3 KAI_I_A Fr. D.). Daraus ergibt sich die Frage: Ist eine ruhige Person oder Situation *unter Kontrolle?* Befriedigt Ruhe gleichsam das erhöhte Sicherheitsbedürfnis der Mitarbeitenden in der Arbeit mit Personen mit Demenz im Sinne des *„sich Absicherns"?*

---

25 Dies ist insofern bemerkenswert, als Mitarbeitende für die Anwendung Basaler Stimulation bevorzugt solche Personen auswählen, die schwerstpflegebedürftig und bettlägerig sind. Bei diesen Personen ist davon auszugehen ist, dass sie eher an einem Übermaß an Ruhe ‚leiden' und nicht vorrangig ein Bedürfnis verspüren, beruhigt zu werden.

4.4.6 Begegnungen im Klagemodus

Das *Klagen* der Mitarbeitenden als Ausdruck ihrer Unzufriedenheit mit schlechten Rahmenbedingungen, ist auch eine Rationalisierung der Ursachen, weshalb sie nicht so pflegen und betreuen, wie sie es, nicht zuletzt aufgrund ihres eignen beruflichen Selbstverständnisses eigentlich möchten. Dieses *Klagen* reicht von Auszubildenden bis zur Leitungsebene. Es stellt gewissermaßen das konstante ‚Hintergrundrauschen' unserer gesamten Feldbeobachtungen dar. Zu kaum einem anderen Themenbereich zeigte sich auf Seiten der Mitarbeitenden ein ähnlich hohes Mitteilungsbedürfnis gegenüber den Forschenden. Dies kommt in den folgenden beiden Auszügen aus Beobachtungskontrollen exemplarisch zum Ausdruck:

Sie sagt, dass es kontinuierlich schlechter würde, immer schlechter, so dass es „kaum noch auszuhalten" sei: „Sie sehen es doch selbst, Sie müssen sich doch hier nur mal umschauen". Die Bedingungen seien in der Altenpflege besonders schlecht. Das Schlimmste, was sie bislang erlebt habe, sei der Bereich Altenpflege. Sie fühle sich in diesem Bereich auch psychisch extrem belastet. Nun ist sie über 50 Jahre alt. Die Zeitspanne bis zu dem Moment, an dem sie selbst einmal in einem Heim sitzen könnte, ist für sie schon überschaubar. Da darf man sich nichts vormachen, sagt sie. Sie verbietet es sich aber, daran überhaupt zu denken. Frau J. hat offenbar ein sehr großes Mitteilungsbedürfnis, es sprudelt geradezu aus ihr heraus. (...) Sie sagt, dass sie nicht verstehen könne, warum sie morgens nicht wenigstens für zwei Stunden zu dritt arbeiten könnten. Das wäre bereits eine enorme Erleichterung. Frau J. berichtet, dass sie morgens um sechs Uhr das Haus verlässt. Gegen 16 Uhr ist sie wieder zu Hause. In der Regel kommt sie dann das erste Mal überhaupt dazu, etwas zu essen. (Auszug 8 Beobachtungsprotokoll: KA1_BP_A_090611)

Herr S. macht im Vorgespräch darauf aufmerksam, dass die wirtschaftliche Situation der Einrichtung im Moment recht angespannt ist. Entsprechend unruhig ist auch die Personalsituation in den Wohnbereichen. Wir sollen uns also nicht wundern, wenn uns Spannungen im Team auffallen. Demnächst werden sie versuchen, Schülerinnen und Schüler zu bekommen, um die Personalsituation zu entschärfen (Auszug 9 Beobachtungsprotokoll: WS1_BP_NA_020810)

Die zum Ausdruck kommende Unzufriedenheit der Mitarbeitenden und das Beklagen der „Umstände" legen die Art und das Ausmaß der Belastungen und Beanspruchungen frei. Darüber hinaus wird deutlich, worauf Mitarbeitende ihre Unzufriedenheit und ihre Belastungen konkret zurückführen. Dies ist in der folgenden Tabelle anhand von Beispielen dargestellt:

Charakteristikum	Ausprägungen (Beispiele)
Ökonomische Rahmenbedingungen	Zu wenig finanzielle Mittel durch Politik und Gesellschaft, Bedarfe sind grundsätzlich nicht gedeckt.
Zeitdruck	Immer auf die Uhr schauen müssen, „gehetzt sein", die Arbeit kaum schaffen, keine Zeit für Bewohnende haben, sich nicht um sie kümmern können.
Personalsituation	Personalmangel, zu wenig qualifizierte Mitarbeitende, hohe Fluktuation.
Fachfremde Tätigkeiten wahrnehmen	Arbeiten übernehmen, die nicht der Qualifikation bzw. Stellenbeschreibung entsprechen, z. B. Betreuungspersonen übernehmen Pflegearbeiten, Schüler übernehmen bereits Aufgaben examinierter Pflegefachpersonen.
Mangelnde Wertschätzung Fehlende Wahrnehmung	Fehlende Anerkennung der Arbeit, der Anstrengungen durch Politik, Gesellschaft, Ärzte, Angehörige.
Machtlosigkeit	Ohnmacht, Resignation hinsichtlich der Rahmenbedingungen in der Pflege.
Nicht nachvollziehbare Entscheidungen	Bescheide, Bewilligungen, Einstufungen durch Gesetzgebung, Behörden.
Mangelnder Austausch/ Kooperation	Mangelnde Informationsweitergabe, zu wenig Austausch zwischen Berufsgruppen, mangelnde Wertschätzung der Berufsgruppen untereinander.
Früher war es besser	Vor Einführung der Pflegeversicherung: Mehr Zeit, mehr Personal, geringerer Arbeitsdruck, weniger Dokumentationspflichten.

Es handelt sich um Begegnungen im Spannungsfeld zwischen Selbst- und Fremdwahrnehmung. Die verschiedenen Berufsgruppen nehmen dies unterschiedlich wahr. Dieses Phänomen zeigt sich insbesondere im Zusammenhang des Klagens über Arbeitsbedingungen, wenn eine Berufsgruppe die Legitimität des Klagens der anderen Berufsgruppe in Zweifel zieht. Dies geschieht beispielsweise, wenn Betreuungspersonen die Ansicht vertreten, dass Pflegefachpersonen mehr Zeit hätten als sie sagen und sich in dieser Zeit nicht „um Bewohner kümmern", sondern stattdessen Dokumentationsaufgaben oder Aufräumarbeiten nachgehen. Aber auch Mitarbeitende der Leitungsebenen sehen Klagen von Pflegemitarbeitenden hinsichtlich chronischer Arbeitsüberlastung aufgrund mangelnder personeller und zeitlicher Ressourcen nicht immer als gerechtfertigt an. Beispielsweise stellen sie verwundert fest, dass Mitarbeitende konsequent an gewohnten, stressauslösenden Arbeitsabläufen und Gewohnheiten festhalten, obwohl hierfür keine organisatorische Notwendigkeit besteht. Häufig konterkarieren solche Abläufe und Gewohnheiten den lebensweltorientierten Ansatz. Mitarbeitende sind sogar dazu angehalten, sich Zeit zu lassen. Gemeint ist in diesem Zusammenhang beispielsweise die Angewohnheit – oder auch der Anspruch – von Mitarbeitenden, dass alle Bewohnenden bis acht Uhr morgens „versorgt" sein müssen und am Frühstückstisch sitzen sollten.

Wir möchten keineswegs in Abrede stellen, dass Mitarbeitende in der Altenpflege hohen Belastungen und Beanspruchungen ausgesetzt sind. Zahlreiche Studien haben dies sehr gut belegt (Lohmann-Haislah 2012; Lopez 2006). Es ist nicht zu bestreiten, dass die Altenpflege – gemessen an ihrer gesellschaftlichen Bedeutung – politisch deutlich zu wenig Aufmerksamkeit erfährt. Ebenso ist es offensichtlich, dass die ihr zur Verfügung gestellten ökonomischen Mittel nicht ausreichend bedarfsdeckend sind und die Verwaltungs- und Dokumentationsarbeiten zunehmen, obwohl sie nicht immer sinnvoll sein mögen. Mitarbeitende leiten hieraus oftmals eine mangelnde Wertschätzung ihres Berufes und ihrer geleisteten Arbeit ab. Dies ist nachvollziehbar, insbesondere wenn wir – angesichts der hohen psychischen und physischen Anforderungen der Altenpflegetätigkeit – an die niedrige Vergütung in diesem Bereich denken. Die Mitarbeitenden haben die ihrer Wahrnehmung nach ständig sich verschlechternden Arbeits- und Rahmenbedingungen so beständig und intensiv thematisiert, dass wir folgende Frage stellen möchten: Haben wir es hier nicht mit weiteren Dimensionen zu tun? Könnte den Klagen über die Arbeitsbedingungen – bei aller Berechtigung – nicht auch eine Art Entlastungs- oder Ventilfunktion zukommen?

Zum einen üben Mitarbeitende in der Altenpflege eine Tätigkeit aus, die von hohen moralischen Idealen und Erwartungen geprägt ist. Es besteht die Erwartung, dass die Mitarbeitenden sich hilfebedürftigen Menschen zuwenden, ihnen ihre Aufmerksamkeit schenken und für sie da sind. Die Bewohnerin oder der Bewohner soll, wie es die Mitarbeitenden selbst formulieren, „im Mittelpunkt stehen". Das Klagen könnte für die Mitarbeitenden eine der wenigen Möglichkeiten darstellen, ihre eigene Bedürftigkeit zum Ausdruck zu bringen. Konstante Hinweise auf die Schwere und die unhaltbaren Bedingungen der Arbeit könnten auch eine Möglichkeit darstellen, jene Aufmerksamkeit, Zuwendung oder Wertschätzung zu erhalten, die ihnen Politik und Gesellschaft, oftmals aber auch Bewohnende, Angehörige oder sogar Kolleginnen und Kollegen versagen. Im Klagen über die schlechten Arbeits- und Rahmenbedingungen geht es vorrangig um die Mitarbeitenden selbst und nicht um die Bewohnenden. Das Klagen gibt Mitarbeitenden die Möglichkeit, sich selbst zu spüren. Über fehlende personelle und zeitliche Ressourcen zu klagen, könnte auch eine Art unbewusste Rechtfertigung sein – eine Rationalisierung dessen, dass sie nicht so pflegen und betreuen, wie sie es aufgrund ihres eigenen beruflichen Selbstverständnisses möchten und wie sie es im Sinne der von uns untersuchten Konzepte auch sollten.

Wir könnten hier also eine funktionale Seite des Klagens ausmachen, durch welche die Mitarbeitenden gleichsam vor sich selbst und Dritten das rechtfertigen, was wir als „Begegnungen mit Distanz" bezeichnet haben – beispielsweise im Sinne von: „Wir können nicht anders, auch wenn wir es (eigentlich) möchten, da es die Bedingungen nicht zulassen." Das Klagen könnte auch Teil der noch zu beschreibenden Strategien des Rückzugs aus der Beziehung sein. Wir haben bereits die Frage aufgeworfen, ob den Mitarbeitenden die Diskrepanz zwischen den hohen Erwartungen von aussen[26], den eigenen Ansprüchen an sich selbst und ihrem funktional-distanzierten Handeln im Pflegealltag bewusst ist. Wir vermuten, dass dies nicht der Fall ist, ähnlich wie den Mitarbeitenden die „Formen des Rückzugs" nicht bewusst sein dürften, die Koch-Straube (2003, S. 242 ff.) beschreibt. Unterstellen wir, dass dem auffälligen Klagen der Mitarbeitenden tatsächlich auch eine Rationalisierungs- bzw. Entlastungsfunktion zukommt, so könnten wir immerhin vermuten, dass sie dies ahnen.

---

26 Nicht zu vergessen, dass wir es nicht nur mit sehr hohen berufsethischen und gesellschaftlichen Erwartungen und Ansprüchen zu tun haben, sondern dass gerade Bewohnende mit Demenz aufgrund ihrer Bedürfnisse nach Aufmerksamkeit, Zuwendung, Nähe, Bindung und Trost täglich ebenso hohe Anforderungen an die Mitarbeitenden stellen. In diesem Zusammenhang sei das Stichwort Emotionsarbeit aufgeworfen.

4.4.7 Begegnung zwischen Anspruch und Beanspruchung

Passiven und aktiven Formen der Auseinandersetzung mit den Arbeitsbelastungen in der Altenpflege kommt eine umso höhere Relevanz zu, je mehr Mitarbeitende in ihrem Arbeitsalltag versuchen, Vertrautheit und Nähe zu Personen mit Demenz herzustellen.

Ihre Belastungen sind bedingt durch die Konfrontation mit dem Phänomen Demenz und einem erhöhten Bedürfnis nach Sicherheit im Sinne von *„sich absichern"*. Die Belastungen der Mitarbeitenden sind umso bedeutsamer, je mehr sie durch emotionsorientierte und personzentrierte Pflege- und Betreuungsansätze dazu aufgefordert sind, Nähe und Vertrautheit mit Personen mit Demenz herzustellen.

Unabhängig von den Merkmalen und den besonderen Anforderungen in der Arbeit mit den Personen mit Demenz schilderten Mitarbeitende immer wieder, wie beansprucht und belastet sie sind. In diesen Zusammenhängen brachten sie auch ihre eigene emotionale Befindlichkeit zum Ausdruck. Dies zeigte sich zum einen, wenn sie die ihrer Wahrnehmung nach schlechten und unzureichenden Arbeits- und Rahmenbedingungen in der Altenpflege im Allgemeinen und konkret in „ihrer" Einrichtung beklagten. Sie äußerten in diesem Zusammenhang, „frustriert", „wütend", „verärgert", „enttäuscht" oder auch „resigniert" zu sein. Zum anderen brachten sie ihre Emotionen zur Sprache, wenn sie von Belastungen berichteten, die sich bei ihrer Arbeit mit hilfebedürftigen alten Menschen ergaben.

> *S: Ja doch, das macht mir auf jeden Fall Spaß. Es ist zwar manchmal schwierig. Für mich ist es seelisch schlimmer als körperlich (...) Man sagt ja, man soll abschalten, wenn man aus dem Haus rausgeht. Aber es geht eben nicht immer. Für mich ist es manchmal sehr schwierig. Ich gehe einerseits mit einem guten Gewissen nach Hause: ich habe Menschen geholfen. Wir bauen ja eine gewisse Beziehung zu den Bewohnern auf. Und wenn es ihnen dann so schlecht geht – das geht mir schon sehr nahe (...)*
> *Interviewer: Ja, weil ich glaube, Sie haben vorhin gesagt, man sollte schauen, dass man es nicht so sehr mit nach Hause nimmt, wenn man hier rausgeht.*
> *S: Ja, es geht manchmal, aber es geht nicht immer. Es kommt auch ganz drauf an, wie der Tag war. (Auszug 12 Interviewtranskript: HO1_I_NA_SS (Altenpflegeschülerin, 3. Ausbildungsjahr))*

Die Mitarbeiterin spricht hier an, dass für sie in der Altenpflege die „seelische" Belastung schwerer wiegt als die körperliche Beanspruchung. Sie erwähnt, dass es ihr nicht immer gelingt, nach der Arbeit abzuschalten, auch wenn *„man ja sagt, man soll abschalten, wenn man aus dem Haus raus geht"*. Die „seelische" Belastung führt die Mitarbeiterin auch darauf zurück, dass *„wir ja eine gewisse Beziehung zu den Bewohnern (aufbauen)"*. Beim

Auswerten der Daten zeigte sich, dass Mitarbeitende immer wieder „das Psychische" als Belastung in der Altenpflege zur Sprache bringen. Sie thematisierten beispielsweise die Konfrontation mit körperlichem und geistigem Zerfall, Tod und schweren Schicksalen. Ebenso erwähnten sie, wie belastend es für sie ist, wenn Bewohner starke Schmerzen aushalten müssen oder verzweifelt sind. Auch ‚schweres Sterben' und Abschiednehmen waren ein Thema. Sich selbst oder die eigenen Eltern in der Situation einer Bewohnerin oder eines Bewohners zu sehen, kann ebenfalls belastend wirken. Mitleiden, ratlos und machtlos sein, sich hilflos fühlen, keine Antworten haben – all dies trägt dazu bei, dass Mitarbeitende nicht „abschalten" können und Erlebtes oder Unerledigtes nach Hause mitnehmen.

Mitarbeitende mit beruflichen Erfahrungen im Krankenhaus zogen Vergleiche mit der Arbeit im Altenpflegeheim. Dabei betonten sie, dass sie die Arbeit im Altenheim als belastender empfinden. Als Ursache nannten sie nicht das höhere Arbeitspensum, sondern dass die Personen im Altenheim „länger da sind" und sie dadurch „eine Beziehung aufbauen". Bei der Datenanalyse zeigte sich auch, durch welche Strategien Mitarbeitende versuchen, mit solchen Belastungen und Anstrengungen umzugehen. Zu ihren Strategien zählte beispielsweise, sich zu vergegenwärtigen, dass Altern, Sterben und Tod etwas Natürliches sind. Auch versuchten sie, unangenehme Situationen wie das Empfinden von Ekel oder „genervt sein" dadurch auszuhalten, dass sie sich vorstellen, es könnten auch die eigenen Eltern sein. Ebenso führten sie sich immer wieder vor Augen, dass Bewohnerinnen und Bewohner keine bösen Absichten haben, sondern krank sind. Mitarbeitende geben sich Mühe, Erlebtes nicht nach Hause mitzunehmen, die Arbeit auf dem Nachhauseweg hinter sich zu lassen, („das Radio aufdrehen", „200 Sachen fahren wollen") und zu Hause nicht an die Arbeit zu denken. Aber auch „nicht nachdenken, sondern einfach machen", „nichts an sich rankommen lassen" und „wie ein Roboter funktionieren" sind Strategien im Umgang mit den täglichen Arbeitsbelastungen. Die Mitarbeitenden berichteten, dass sie bestimmte Situationen meiden, beispielsweise die Konfrontation mit Tod und Sterben. Sie möchten *professionell bleiben* und meinen damit „Ruhe bewahren", „sich ein dickes Fell zulegen" und sich vor Augen zu führen, dass man nur „eine Dienstleistung ausübt". Belastendes versuchen Mitarbeitende auch dadurch zu bewältigen, dass sie „bewusst auf das ‚Positive und Schöne' schauen" und sich motivieren, „das Lächeln der Person mit Demenz", „das Spüren von Dankbarkeit", „das Gefühl, gebraucht zu werden und helfen zu können" hervorzuheben.

Aufgrund eines *ganzheitlichen* Pflege- und Betreuungsverständnisses und Aufmerksamkeit auf den Emotionsausdruck von Personen mit Demenz, könnten wir davon sprechen, dass emotionsorientierte Konzepte Mitarbeitende implizit dazu auffordern, Gefühls- und Emotionsarbeit zu leisten[27]. Die Bereitschaft zu mitmenschlicher *Zuwendung* und *Sorge* gehört als moralisches Ideal zur Pflege. Die Fähigkeit, Beziehungen zu pflegebedürftigen Menschen herzustellen, zählt zu den Schlüsselqualifikationen von Pflegenden. Von der Gesellschaft gehen bestimmte Erwartungen an Pflegende aus. Sie beziehen sich auf Freundlichkeit, Verständnis, Hilfsbereitschaft sowie zugewandtes Verhalten und Einfühlungsvermögen (Neumann-Ponesch/ Höller 2010, S. 5). Rufen wir uns in Erinnerung, was pflegende Mitarbeitende hinsichtlich ihrer Selbstwahrnehmung und ihres beruflichen Selbstverständnisses formulierten, so finden wir dort ebensolche Erwartungen, Wünsche und gesellschaftliche Zuschreibungen. Den Pflegenden mag dies zwar selbstverständlich oder beiläufig erscheinen – es stellt jedoch alles andere als eine Selbstverständlichkeit dar. Denn die Arbeit mit und an Gefühlen ist vor allem eines: Arbeit. Es handelt sich um Arbeit, die Mitarbeitenden erhebliche Anstrengungen abverlangt – sei es in Bezug auf die eigenen Gefühle bei der Emotionsarbeit oder im Hinblick auf die Gefühle anderer Menschen bei der Gefühlsarbeit. Darauf weisen seit etwa Mitte der 1980er Jahre verschiedenste Theorien und Konzepte zur Gefühls- und Emotionsarbeit in personenbezogenen Dienstleistungsberufen hin. Hierzu zählt zweifellos auch die Pflege (Böhle/Glaser 2006, Hochschild 2006). Ohne hier auf diese mittlerweile sehr ausdifferenzierten und komplexen Theorien und Konzepte einzugehen (vgl. hierzu Senge 2013), können wir festhalten, dass Mitarbeitende, die im Rahmen emotions- oder personorientierter Betreuungsansätze dazu aufgefordert sind, mit und an den Emotionen anderer Menschen zu arbeiten, selbst starken Emotionen ausgesetzt sind. Diese Emotionen erfordern wiederum Strategien, um sie zu bewältigen. Hinsichtlich der geschilderten Strategien, die aus dem Datenmaterial hervorgehen, handelt es sich ausschließlich um solche, die den Mitarbeitenden bewusst sind.

Die besonderen sozial-emotionalen Anforderungen und Beanspruchungen in der Altenpflege zählen fast schon zum Allgemeinwissen. Unterschiedlichste wissenschaftliche Disziplinen weisen seit Jahren immer wieder darauf hin. Koch-Straube (2003) arbeitete in ihrer ethnologischen Studie „Fremde Welt Pflegeheim" heraus, mit welchen Organisations- und Handlungskonzepten Pflegende die immer wiederkehrenden außergewöhnlichen Belastungen zu minimieren versuchen. Dabei unterscheidet die Autorin zwischen aktiven und passiven Formen der Auseinandersetzung mit der Arbeitsbelastung (ebd., S. 242 ff.). Aktive Versuche zeigen sich beispielswei-

---

27 Dass zu leistende Gefühls- und Emotionsarbeit integraler Bestandteil von Pflegearbeit ist und insbesondere Emotionsarbeit zu den gerade im Pflegebereich bekannten Burn-Out-Phänomenen führen kann, wird – soweit wir dies überblicken können – in beiden Konzepten erstaunlicherweise nicht thematisiert.

se darin, dass Mitarbeitende sich auf die Körperpflege konzentrieren, auf bewältigbare, erfolgversprechende Aufgabenstellungen im „Hier und Jetzt". Häufig versuchen sie auch, das Verhalten der Bewohnenden in Richtung einer Anpassung an die Erfordernisse der Heimorganisation und der eigenen Belastbarkeiten bzw. Fähigkeiten zu modifizieren. Auf diese Weise ordnen sie sich und die Bewohnenden weitgehend festgelegten und routinierten Tagesabläufen unter. Passive Formen der Minimierung von Belastungen bestehen im weitgehenden Ausblenden der Biographie und der Zukunftserwartungen der älteren Menschen. Diese zu berücksichtigen, würde die Komplexität des Pflegealltags und der Beziehung zu den alten Menschen erhöhen (ebd., S. 263). Beide Versuche, die Arbeitsbelastung zu reduzieren, stehen für einen „zeitweiligen Rückzug der Pflegenden aus der Beziehung im Hier und Jetzt". Dieser Rückzug ermöglicht „Distanz" gegenüber den allgegenwärtigen, potenziell grenzenlosen Erwartungen alter, hilfebedürftiger Menschen. Zu den „Formen des Rückzugs" gehören „Kontakteinschränkungen, Kontaktvermeidung, Kontaktabbruch, selektive Wahrnehmung der alten Menschen und ihrer Belange, Versachlichung der Beziehung(sangebote), Ausblenden emotionaler Betroffenheit, Distanzierung in der Sprache, Aufwertung administrativer und praktischer Arbeiten" (ebd., S. 264). Der Rückzug der Mitarbeitenden dient u.a. der Abwehr eigener Betroffenheit und schützt vor einer Begegnung mit den eigenen Ängsten und mit der eigenen Scham. Es geht um die Notwendigkeit, dem „Sog des Negativen" zu entgehen und „das eigene Selbst zu schützen" (ebd., S. 265).

Koch-Straube deutet den „Rückzug der Pflegenden" als aktive und passive Form der Auseinandersetzung mit den vielfältigen Arbeitsbelastungen in der Altenpflege. In den ‚kontinuierlich' praktizierten, verschiedenen „Formen des Rückzugs" können wir jene Verhaltens- und Handlungsweisen der Mitarbeitende wiedererkennen, die wir als funktional und distanziert wahrgenommen und beschrieben haben. Als Hypothese möchten wir an dieser Stelle formulieren, dass solche aktiven und passiven Strategien zum Umgang mit hoher Arbeitsbelastung in der Altenpflege eine umso höhere Bedeutung zukommt, je mehr die Mitarbeitenden in ihrem Arbeitsalltag mit einem zunehmenden Kontroll- und Selbstverantwortungsverlust der Personen mit Demenz konfrontiert sind. Gleichzeitig sind die Mitarbeitenden im Rahmen emotionsorientierter und personzentrierter Betreuungsansätze dazu aufgefordert, Vertrautheit und Nähe zu den Personen mit Demenz zu suchen und herzustellen. Aus dieser Perspektive werden auch die von den Personen mit Demenz zum Ausdruck gebrachten Bedürfnisse nach Aufmerksamkeit, Nähe, Bindung, Trost und Einbeziehung für die Mitarbeitenden zu einem Problem. Geht es darum, die Arbeitsbelastungen zu minimieren und das „eigene Selbst zu schützen" (Koch-Straube 2003, S. 265), werden die Bedürfnisse der Personen mit Demenz sogar zu einer immer wieder aufs Neue abzuwehrenden Gefahr.

Kapitel 5
Zusammenfassung und Diskussion

Als Titel für den vorliegenden Band wählten wir „Person-Sein zwischen Anspruch und Wirklichkeit". Die deutsche Sprache kennt für den Terminus *Anspruch* drei Bedeutungen: *Forderung, Recht/Anrecht* sowie *Niveau/Qualität*[28]. Umgangssprachlich verweisen Ansprüche auf Erwartungen und somit auf einen *Zustand des Wartens, der Spannung* oder auch auf *eine vorausschauende Vermutung, eine Annahme, eine Hoffnung*. Im *Anspruch* schwingen bereits aktuell bestehende, einzuhaltende oder in die Zukunft projizierte Normen, Wertvorstellungen und Ideale mit. Vielfältige Ansprüche können hinzukommen, die beispielsweise berechtigt, überzogen oder bloße Wunschvorstellungen sind. Die *Wirklichkeit* hingegen bezeichnet das, „was ist", die Gegebenheiten – so, wie sie sind, weder verfälscht, noch entstellt oder verklärt. Dennoch ist Wirklichkeit eine hochindividuelle Einschätzung des jeweiligen Subjekts, das seine je eigene Wirklichkeit definiert. Vor dem Hintergrund unserer Beobachtungen und Erfahrungen bzw. Erkenntnisse stellt sich nun die Frage: Wie ist es um Anspruch und Wirklichkeit einer person- bzw. emotionsorientierten Pflege und Betreuung von Personen mit Demenz bestellt? In lakonischer Kürze könnten wir antworten: Ansprüche sind das eine, die Wirklichkeit offenbar das andere. Es ist eine vertraute Alltagserfahrung, dass Anspruch und Wirklichkeit nicht immer oder sogar nur selten zusammengehen. Was bedeutet dies in unserem Forschungskontext konkret?

Da wir bereits während der Beobachtungen im Feld Widersprüche zwischen den Ansprüchen der Mitarbeitenden einerseits und ihrem Handeln andererseits beobachten konnten, haben wir heuristische Annahmen formuliert, die über das hinausgehen, was Mitarbeitende, aber auch die Vertreter der Konzepte über Barrieren des Transfers von der Theorie in die Praxis aussagen (vgl. Kapitel 2). Entsprechend sollten die im vorangegangenen Kapitel formulierten Annahmen zur Klärung der Frage beitragen, wer oder was den Transfer von Integrativer Validation und Basler Stimulation von der Theorie in die Praxis verhindert. Es stellt sich auch die Frage, weshalb insbesondere professionell Pflegende so handeln, wie sie handeln – scheinbar überwiegend funktional und an der Oberfläche. Bezugnehmend auf diese Fragen und im Kontext unserer Annahmen scheinen uns *Sicherheit, Nähe, Distanz*

---

28 vgl. http://www.duden.de/rechtschreibung/Anspruch

und *Kontrolle* die antwortgebenden zentralen Begrifflichkeiten bzw. Phänomene zu sein, die wir zu folgender Grundannahme verdichten möchten:

Personen mit Demenz wie auch Mitarbeitende teilen ein Bedürfnis nach Sicherheit. Dieses Bedürfnis versuchen beide Gruppen jedoch durch je unterschiedliche Handlungsstrategien zu erreichen: Personen mit Demenz suchen *Sicherheit durch Nähe*, um sich in einer zunehmend ‚fremden Welt' zu orientieren. Mitarbeitende suchen dagegen *Sicherheit durch Distanz*, die ihnen (Eigen- und Fremd-) Kontrolle zur Minimierung ihrer vielfältigen Arbeitsbelastungen ermöglicht.

Welche Schlüsse und Konsequenzen wären nun ausgehend von dieser Grundannahme zu ziehen?

Wie dargestellt, fordern die Konzepte Basale Stimulation und Integrative Validation dazu auf, gegenüber hilfebedürftigen Personen eine bestimmte Einstellung oder Grundhaltung einzunehmen. Anwenderinnen und Anwender sollen in einen persönlichen emotionalen Kontakt und Austausch mit den Personen mit Demenz treten – geleitet von Respekt, Wertschätzung, Akzeptanz, Empathie und Authentizität. Für person- bzw. emotionsorientierte Versorgungskonzepte sind die Beziehung und die Beziehungsgestaltung mit einer Person mit Demenz sowie das Wahrnehmen und Anerkennen von Emotionen bzw. Bedürfnissen von größter Bedeutung. Dies dient im Sinne Kitwoods der Erhaltung und der Stärkung des Person-Seins[29] (Kitwood 2008). Person- bzw. emotionsorientierte Konzepte sind vor allem beziehungsorientierte Konzepte. Hierbei stellt die Beziehung die Voraussetzung dafür dar, Vertrauen zwischen den Partnern aufzubauen, um das Wohlbefinden der Personen mit Demenz zu fördern. Dazu gehört auch, gegebenenfalls *herausfordernde Verhaltensweisen* abzubauen, zu reduzieren und ihnen präventiv entgegenzuwirken. Die Bedeutung der Beziehung bzw. der Beziehungsgestaltung zwischen den Personen mit Demenz und den Mitarbeitenden heben auch die Autorinnen und Autoren der ‚Rahmenempfehlungen' hervor. An dieser Stelle sei nochmals darauf verwiesen, dass sie Integrative Validation und Basale Stimulation „zum Umgang mit herausfordernden Verhaltensweisen bei Menschen mit Demenz in der stationären Altenpflege" empfehlen (BMG 2006). Die ‚Rahmenempfehlungen' bezeichnen ein „humanistisches Menschenbild" als „Basis der Empfehlungen". Im Sinne dieses Menschenbildes geht es darum, Ich-Identität, die Entwicklung und den Erhalt des Selbstbildes sowie das Bedürfnis nach Wertschätzung als essentiellen Entwicklungsfaktor zu stärken (ebd., S. 27). Vor

---

29 Die Integrative Validation rekurriert hinsichtlich ihrer Forderung nach einem wertschätzenden Umgang mit Personen mit Demenz ausdrücklich auf den Ansatz Kitwoods zur Personzentrierung (Richard 2014).

dem Hintergrund von „Unsicherheit und Angst", die durch einen „demenz- und organisationsbedingte(n) Kontrollverlust" bei Personen mit Demenz bedingt ist (ebd., S. 28; siehe hierzu auch Held 2013), beschreiben die Autorinnen und Autoren der ‚Rahmenempfehlungen' als *Ziel der Pflege* (BMG 2006, S. 29 ff.) die „Stabilisierung" der „Ich-Identität, um nicht verloren zu gehen". Dies lässt sich durch eine „anerkennende Beziehungsgestaltung" erreichen. Mit Verweis auf Kitwood führen die Autorinnen und Autoren aus, dass sich die „Anforderungen an eine anerkennende Beziehungsgestaltung" an den besonderen psychischen Bedürfnissen bei Personen mit Demenz wie „Trost, Identität, Beschäftigung, Einbeziehung und Bindung" orientieren sollen. Im Kontext dieser Bedürfnisse heben die Autoren hervor, wodurch Pflegende diesen entsprechen können. Sie nennen unter anderem „Nähe und Beistand", „empathisches Agieren im Rahmen von Validation", „Bindung" sowie „mütterlichen Schutz". Personen mit Demenz benötigten eine „soziale Gemeinschaft mit hoher Verlässlichkeit, in der die Distanz zwischen Individuen wenig Bedeutung hat und das Bedürfnis nach Nähe einen hohen Wert erhält". Nur in einer „echten, einfühlenden und akzeptierenden Beziehung", so heißt es weiter, sei „ein auf Wohlbefinden und Lebensqualität ausgerichteter Alltag möglich. Beziehung ist notwendig, um Bedürfnisse, Bedeutungen, Auffassungen, Affekte und situative Möglichkeiten (Übergänge) zu erspüren und zu nutzen" (ebd., S. 32 ff.).

Wie wir im Ergebnisteil berichtet haben, zeigten sich uns auf Seiten der Personen mit Demenz immer wieder Bedürfnisse nach Zuwendung und Aufmerksamkeit. Zudem gibt es Hinweise darauf, dass das Wohlbefinden dieser Personen insbesondere davon abhängt, ob es Mitarbeitenden gelingt, in einen persönlich-emotionalen Kontakt und Austausch mit ihnen zu gelangen. Mitarbeitende scheinen solches Wissen um individuelle Bedürfnisse von Personen mit Demenz durch ihre Erfahrung, d.h. durch ihr Beobachten und Handeln im Arbeitsalltag zu explorieren. Emotionsorientierte Ansätze fordern – mithin zu Recht – zu einer anerkennenden Beziehungsgestaltung[30] auf, um das Person-Sein von Personen mit Demenz im Sinne einer Stabilisierung ihrer Ich-Identität und des Selbstbilderhalts zu stärken[31] und um ihren psychischen Bedürfnissen zu entsprechen. Doch wie die Alltagserfahrung zeigt, kann es eine überaus anspruchsvolle, komplexe Aufgabe sein, Beziehungen einzugehen, zu gestalten und aufrechtzuerhalten – unge-

---

30 Fröhlich bezeichnet die Basale Stimulation gar als eine „Grundidee menschlicher Beziehung" (Werner 2002, S. 59)
31 Solche Bemühungen werden im Konzept der IVA beispielsweise im Rahmen der ‚Ritualisierten Begegnung' deutlich und im Konzept der Basalen Stimulation durch die Aufforderung, jeweils an die Sensobiographie einer Person anzuknüpfen sowie die Maßnahmen daran zu orientieren.

achtet dessen, ob es sich um Partnerschaften, Freundschaften, Verwandtschaftsbeziehungen oder auch um Arbeitsbeziehungen, Geschäftsbeziehungen oder Kundenbeziehungen handelt. Die Aufforderung, Beziehungen mit Bewohnenden mit Demenz einzugehen und zu gestalten, kann als besonders anspruchsvoll gelten. Um den emotionalen Bedürfnissen dieser Personen zu entsprechen, sollen solche Verhaltens- und Handlungsweisen der Mitarbeitenden zum Einsatz kommen, die normalerweise im Privaten, ja in geradezu intimen Bereichen stattfinden, bestenfalls in Bereichen von Partnerschaft oder in engen Freundschaften. Denken wir hier beispielsweise nur daran, dass Mitarbeitende unter anderem dazu aufgefordert sind, Körperkontakt und Blickkontakt mit den Bewohnenden aufzunehmen. Hierbei geht es nicht darum, dies überhaupt *irgendwie* zu machen, sondern letztlich genau darum, *wie* es gelingen kann, eine Person mit Demenz auf einer *emotionalen Schwingungsebene* zu erreichen (vgl. auch Auszug Interviewtranskript 5). Nun sind echte Freundschaften zwischen einer Person mit Demenz und Mitarbeitenden gewiss nicht auszuschließen. Es mag vorkommen, dass in einer solchen Freundschaft private und intime Nähe leichter fallen. Wir müssen jedoch auch bedenken, dass Personen mit Demenz im stationären Setting immer auch *Kunden* sind und Mitarbeitende eine Dienstleistung erbringen, für die sie entlohnt werden[32]. Anders als bei Freundschaften und Partnerschaften entscheiden sich Mitarbeitende und Bewohnende nicht freiwillig und auf der Grundlage gegenseitiger Sympathie füreinander. Die Beziehung ist – nüchtern betrachtet – von Anfang an „arrangiert". Im besten Falle wird *mehr* daraus. Doch in vielen Fällen werden die Personen sich von Anfang an fremd sein – und auch bleiben. Wie realistisch – oder legitim – ist es also, darüber hinaus von Mitarbeitenden *mehr* zu erwarten?

Person- bzw. emotionsorientierte Konzepte stellen hohe Anforderungen an Mitarbeitende. Dies betrifft insbesondere die einleitend angesprochenen *Normen, Werte* und *Ideale*. Der hohe Anspruch trifft auf eine Wirklichkeit, die äusserst komplex ist und vielfältige Arbeitsbelastungen mit sich bringt. Die Frage besteht nicht darin, ob und wie objektiv *berechtigt* oder subjektiv empfunden diese Arbeitsbelastungen sein mögen. Belastungen und Beanspruchungen in der Pflege alter Menschen – vermutlich auch ohne Demenz – erfordern von Mitarbeitenden möglicherweise, vielfältige Strategien zu entwickeln, um sie auf ein erträgliches Maß zu reduzieren. Dies mag bewusst oder unbewusst geschehen. Wie in Anlehnung an Koch-Straube beschrieben, besteht eine dieser Strategien darin, sich aus der Beziehung mit den Be-

---

[32] Auch werden Mitarbeitende im Zuge der Ökonomisierung und Wettbewerbsorientierung der (Alten-)Pflege verstärkt dazu angehalten, Bewohnende serviceorientiert vorrangig als Kunden zu sehen.

wohnenden zurückzuziehen (Koch-Straube 2003, S. 264). Solche Rückzugs- bzw. Distanzierungsstrategien kann man bedauern. Aus Sicht der Personen mit Demenz ist dies gewiss als tragisch zu bezeichnen. Dass ein *anspruchsvolles Konzept* auf eine noch *anspruchsvollere Wirklichkeit* trifft, könnte jedoch eben jene Bruchlinie sein, an der person- bzw. emotionsorientierte Konzepte wie Integrative Validation und Basale Stimulation vielleicht sogar mit einer gewissen Zwangsläufigkeit scheitern (müssen). Dies trifft besonders dann zu, wenn die Erwartung besteht, dass ein gesamtes „Haus" bzw. ein gesamtes Team person- bzw. emotionsorientierte Ansätze umsetzen soll. Besteht der Anspruch, dass diese Konzepte nicht nur gelegentlich und fragmentarisch im Sinne einzelner Regeln und Techniken, sondern im Sinne ihres personorientierten (humanistischen) Menschenbildes[33] zum Tragen kommen sollen, lässt sich dies offenbar nur selten erfüllen. Für Personen mit Demenz scheint dies tragisch zu sein, doch sollten Wertschätzung, Akzeptanz und Empathie gleichwohl auch den Mitarbeitenden gelten, auch wenn diese an den Ansprüchen und Anforderungen „scheitern". Wir dürfen nicht vergessen, dass der Erhalt und die Stärkung des Person-Seins durch emotionsorientierte Verfahren nicht nur auf das „Person-Sein" der Person mit Demenz gerichtet sein darf, sondern dass dieses wiederum überhaupt nur durch die Person und die Persönlichkeit, wir könnten sagen durch das *Person-Sein der je anwendenden Mitarbeiterin bzw. des Mitarbeiters* ermöglicht werden kann. Dies ist den Autorinnen und Autoren der ‚Rahmenempfehlungen' durchaus bewusst. Sie formulieren als Anforderung an die Mitarbeitenden:

Die „professionelle Beziehung" erfordert „Reflexion und damit bewusstes Distanzieren, um im professionellen Rahmen emotionale Nähe herstellen zu können. Nur aus der reflektierenden Distanz erwächst eine hilfreiche Nähe, die weder verstrickt ist in unerfüllbare Beziehungsangebote der Bewohnerinnen und des Bewohners noch die Beziehung zur Stillung eigener Bindungs- und Akzeptanzbedürfnisse missbraucht". In diesem Zusammenhang sprechen die Autorinnen und Autoren von einer „Kultur der professionellen emotionalen Nähe", die „bewusst reflektiert und zielgebunden" sein soll, als auch davon, dass „die eigene Person das Hauptarbeitsmittel zur Entwicklung einer akzeptierenden, vertrauensvollen und verlässlichen Beziehung (ist)" (BMG 2006, S. 33 ff.).

Doch was bedeutet es, eine „professionelle Beziehung" im Sinne einer „Kultur der professionellen emotionalen Nähe" zu gestalten, die „bewusst

---

33 Wie ausgeführt, betonen die Begründer der Basalen Stimulation in der Pflege dezidiert, das Konzept sei mehr als die Summe der einzelnen Maßnahmen. Die Ausrichtung des Konzeptes widerspiegelt sich „nicht mittels der einzelnen Maßnahmen, die die Wahrnehmungsbereiche stimulieren oder beruhigen" (Bienstein/Fröhlich 2010, S. 78).

reflektiert und zielgebunden" sein soll? Bedeutet dies mit anderen Worten: *Beziehung ‚als ob'*? Und wenn ja, welche Folgen hat dies für die Mitarbeitenden, die gleichzeitig dazu aufgefordert sind, authentisch und wertschätzend zu sein?

Hier wird uns deutlich, wie außerordentlich komplex und vielschichtig die *Verstrickung* zwischen der fremden Person mit Demenz und der eigenen Person in jedem einzelnen Fall ist. Mitarbeitenden kommt dabei die aktive Rolle zu, das komplexe Verhältnis zwischen *Nähe* und *Distanz*, zwischen *Selbstbestimmung* und *Fürsorge* (Verantwortung) und womöglich auch zwischen *Echtheit* und *Inszenierung* immer wieder aufs Neue auszutarieren.

Uns scheint der Verweis auf ‚ungenügende Rahmenbedingungen' nicht hinreichend zu sein, um zu erklären, warum sich die untersuchten person- bzw. emotionsorientierten Verfahren nicht oder nur ansatzweise umsetzen lassen. Die ‚ungenügenden Rahmenbedingungen' können auch nicht erschöpfend begründen, warum sich Mitarbeitende nicht so um die individuellen Bewohnenden ‚kümmern' können, wie sie dies eigentlich möchten. Damit stellen wir den Verdacht in den Raum, dass Mitarbeitende auch bei *anderen, genügenden* Rahmenbedingungen nicht anders, oder zumindest nicht wesentlich anders, handeln würden. Somit teilen wir Kitwoods Ansicht. Er stellt ernüchtert fest, dass in vielen Settings, in denen die Pflegequalität gemessen an früheren Standards jetzt sehr hoch sei, die Verbesserung einen Endpunkt zu erreichen scheint: „Dies ist *nicht* primär ein Ergebnis struktureller Unzulänglichkeiten oder schlechter personeller Ausstattung, sondern begrenzter interaktiver Fähigkeiten des Personals" (Kitwood 2008, S. 129, Hervorhebung im Original).

Kitwood betont, dass selbst dort, wo die „maligne Sozialpsychologie nahezu vollständig eliminiert wurde", nur selten festzustellen sei, dass nun „der Raum" durch eine „gründlich stärkende und stützende Sozialpsychologie" ausgefüllt ist und man sich um psychische Bedürfnisse bislang erst auf „sehr oberflächliche Weise" kümmert (ebd.).

Die entscheidenden „Testfälle" sind aus Kitwoods Sicht diejenigen, bei denen „alle Bedingungen vorteilhaft" sind und doch immer noch häufig festzustellen ist, dass „die Interaktionen kurz und oberflächlich erscheinen; sind die MitarbeiterInnen ihren essentiellen Pflichten nachgekommen, so neigen sie dazu, sich miteinander über ganz anderes zu unterhalten oder etwas ‚Praktisches' zu tun. Die Grenzen, auf die wir immer wieder stoßen, sind die der zwischenmenschlichen Bewusstheit und Befähigung" (ebd.). Kitwood hebt „Bewusstheit" und „Befähigung" auf Seiten der Mitarbeitenden hervor. Daraus könnte man ableiten, dass Mitarbeitenden nicht bewusst ist, was Personen mit Demenz „brauchen" (ebd., S. 121 ff.). Es könnte auch bedeuten, dass sie gegebenenfalls noch nicht ausreichend geschult sind hinsichtlich eines personorientierten Umgangs mit Personen mit Demenz.

Darüber hinausgehend stellen wir uns die Frage, ob person- bzw. emotionsorientierte Konzepte nicht insbesondere deshalb an Grenzen stoßen, weil ihnen zu hohe bzw. unrealistische normative oder idealisierte Versionen von Beziehungsarbeit zugrunde liegen. Es handelt sich um Ansprüche, die *das tatsächliche* psychosoziale Milieu und die individuellen bzw. interaktiven Phänomene der spezifischen Kultur und Lebenswelt eines Altenpflegeheims nicht ausreichend erfassen: Anspruch und Wirklichkeit. In diesem Sinne wäre die Frage zu stellen, ob Verfahren, die Mitarbeitende dazu auffordern, person- bzw. emotionsorientiert zu arbeiten, nicht entschieden mehr berücksichtigen müssten, was dies aus der Perspektive von Mitarbeitenden bedeutet. Erforderlich wäre also eine Orientierung an der Lebenswelt Pflegeheim im Allgemeinen und an den vielschichtigen Herausforderungen der Arbeit mit Personen mit Demenz im Besonderen.

Ein Versuch, in diesem Sinne zunächst die Perspektive der Mitarbeitenden bzw. deren konkrete Arbeitswirklichkeit zu ergründen, lässt sich aus dem Forschungsprogramm der Ethnomethodologie ableiten: Der „Studies of Work"-Ansatz zeichnet sich dadurch aus, dass hier gerade *nicht* normative oder idealisierte Versionen von Arbeit die Grundlage bilden (Bergmann 2005). Der Fokus richtet sich auf reale Arbeitsabläufe in ihrem Detailreichtum. Es ist davon auszugehen, dass zwischen den Lehrbuchdarstellungen, den offiziellen Regeln einer Arbeit und den tatsächlichen, praktischen Arbeitsvollzügen eine prinzipielle Kluft besteht. Das theoretisch vermittelte Wissen kann immer nur modellhafte Versionen eines Arbeitsvorgangs bieten. Das zeigt sich in der Alltagserfahrung als Unterschied zwischen Theorie und Praxis. Erst im Verlauf der praktischen Tätigkeit lässt sich die Fähigkeit erwerben, situative Kontingenzen zu erkennen und sich auf sie einzustellen. Dann wird es möglich, Entscheidungen über den Verlauf der Arbeit nicht schematisch, sondern von Moment zu Moment zu treffen. Es gelingt, im Umgang mit den lokalen Konstellationen *irgendwie* die Angemessenheit und Effizienz des Tuns zu bewerkstelligen. Die Vertreter des „Studies of Work"-Ansatzes gehen davon aus, dass genau dieses „Irgendwie" zu einem ersten Thema werden muss. Bisher blieb es in der Soziologie weithin ausgespart. Es gilt, praxislogisch danach zu fragen, wie und wodurch sich beim Ausführen praktischer Tätigkeiten in allen Details ihres Vollzugs die Spezifität und Logik einer bestimmten Arbeit konstituiert (Bergmann 2005, S. 3). Wir möchten daher nachfolgend versuchen, anhand eines kurzen Beispiels aus der täglichen Arbeit die Theorie der Personorientierung gewissermaßen vom ‚Kopf auf die Füße' zu stellen. Stellen wir uns folgende Situation vor:

Eine Mitarbeiterin kommt morgens in das Zimmer einer Bewohnerin mit Demenz. Das Bett der Bewohnerin ist nass, es riecht streng. Die Mitarbeiterin signalisiert, dass sie mit der Körperpflege beginnen möchte. Die Bewohnerin bringt jedoch deutlich zum Ausdruck, dass sie jede Maßnahme ablehnt, indem sie die Mitarbeiterin laut beschimpft. Die Mitarbeiterin beugt sich zur Bewohnerin, sie ist gefasst und lächelt sie an. Sie versucht *irgendwie*, die Bewohnerin zum Mitmachen zu bewegen.

Es handelt sich hier gewiss um eine gewöhnliche Alltagssituation. Die Mitarbeiterin ist jedoch mit einem klassischen Dilemma konfrontiert. Es besteht zwischen der Selbstbestimmung der Bewohnerin einerseits und der pflegerischen Fürsorgeverantwortung andererseits. Eine für beide zufriedenstellende „Lösung" gibt es demnach nicht. Dies ist professionell Pflegenden nicht immer bewusst, obwohl sie tagtäglich damit konfrontiert sind. Nahezu selbstverständlich werden sie auch in solchen Situationen den Anspruch erheben, eine „Lösung" herbeizuführen, durch welche Strategie auch immer. Das Anwenden der Integrativen Validation könnte sogar dazu führen, dass sich der Druck auf die Mitarbeiterin erhöht. Denn die Integrative Validation legt nahe, dass eine Lösung erreichbar ist, beispielsweise, indem die Mitarbeiterin das Gefühl der Bewohnerin (beobachtbar als Schimpfen) validiert, damit dieses „ausfließen" kann und die Bewohnerin dann der Körperpflege bestenfalls zustimmt. *Selbst wenn* der Paradoxale Effekt (vgl. Fussnote 5) im Sinne der Integrativen Validation eintritt und das Gefühl sowie die abwehrende Haltung (Schimpfen) durch Validation „ausfließt", ist die Mitarbeiterin dennoch mit einer komplexen Situation konfrontiert. Sie konterkariert die von der Bewohnerin deutlich zum Ausdruck gebrachte Selbstbestimmungsabsicht bzw. Autonomie, wie sie als ethisches Prinzip auch von der Organisation eingefordert werden mag. Denn mit Birken und Weihrich (2010) können wir formulieren, dass die Mitarbeiterin die Autonomie der Bewohnerin als eine Art „Autonomie zweiter Klasse" *inszeniert*[34]. Sie handelt kontrafaktisch sowohl zu den augenscheinlichen Äußerungen der Bewohnerin als auch zu den ethischen Ansprüchen der Organisation. Dies geschieht möglicherweise auf eine ‚sanftere' Weise als durch Ablenken und Beschwichtigen.

---

34 Da nicht alle Wünsche von Bewohnenden mit den Anforderungen professioneller Pflege in Einklang zu bringen sind, thematisieren Birken und Weihrich die Frage, wie es gelingt, den Anspruch auf Autonomie gegen den Augenschein aufrechtzuerhalten. Sie sprechen von einem „faszinierende(n) Dilemma". Dabei gehen sie davon aus, dass Pflegepersonen die Autonomie im Zweifel kontrafaktisch „inszenieren", wobei die dann erreichte „Autonomie" nur als „Autonomie zweiter Klasse" gelingen könne. In diesem Sinne lassen sich auch unsere Ausführungen zu den *Grenzen der Integrativen Validation* lesen (vgl. hierzu insbesondere Beobachtungsprotokoll 5). Interessant ist in diesem Zusammenhang auch, dass manche Mitarbeitende die Forschenden darauf aufmerksam machten, Validieren sei ihrer Meinung nach ein ‚Nicht-ernst-Nehmen' der Personen mit Demenz. Solche Aussagen von Mitarbeitenden könnten wir erklären, wenn wir eine Sichtweise der Integrativen Validation als Inszenierung einer „Autonomie zweiter Klasse" zugrunde legen.

Ganz ähnlich argumentieren Giesenbauer und Glaser (2006, S. 73 ff.) wenn sie hinsichtlich der in der Pflege zu leistenden Gefühlsarbeit auf die „Gleichzeitigkeit von Manipulation und Kooperation" aufmerksam machen sowie auf „List und Improvisation" als Arbeitstechniken hinweisen. Letzteres ergibt sich für die Autoren als „Handlungsstrategie" aus dem „Dilemma von Gefühlsarbeit: wie den Klienten manipulieren, ohne dass er dies als Manipulation empfindet?" (ebd., S. 75). In diesen Zusammenhang können wir auch die von Newerla beschriebenen „gouvernementalen Pflegestrategien" als „Praktiken der Gefühlsbeeinflussung" von Mitarbeitenden gegenüber Personen mit Demenz einordnen (Newerla 2012, S. 204 ff.) Newerla beschreibt diese Praktik als „die zentrale Strategie, die Pflege dieser Menschen trotz einer möglichen Verweigerung zu realisieren". Neben der Emotionsarbeit als „Form der Lenkung" beinhaltet diese auch die „normalisierende Pflegestrategie", um „den schnell wechselnden Stimmungen, plötzlich auftretenden Ängsten und/oder irrational wirkenden Handlungsfolgen dementiell veränderter Menschen zu begegnen" (ebd.). Da die Offenheit des Interaktionsverlaufs und die ‚Andersartigkeit' in der Begegnung mit Personen mit Demenz stets flexible und kreative Lösungen verlangen, werden zunehmend Pflegemodelle relevant, die sich an der „etwas anderen" Realitätswahrnehmung der Personen mit Demenz orientieren. Newerla konstatiert, dass personzentrierte Pflege, zu der sie auch validierende Methoden zählt, zwar zur Anerkennung von Personen mit Demenz und ihrer individuelle Lebenswelt beiträgt. Doch können validierende Methoden, die sich an der Realität der Person mit Demenz orientieren und „auch eingesetzt werden, um Pflegeziele zu erreichen", manchmal auch „gegen den Willen dieser Bewohner_innen" wirken (ebd., S. 223). „Dementiell veränderte Bewohner_innen werden beispielsweise mit validativen Methoden dazu bewegt, die (Pflege)Ziele der Pflegekraft trotz vorheriger Weigerung/Ablehnung anzunehmen und sie zu ihren eigenen Zielen zu machen" (ebd.). Diese Einwände machen in problematisierender Weise auf den manipulativen Charakter strategischen Arbeitens mit Gefühlen aufmerksam. Damit ist jedoch noch nichts darüber gesagt, wie Mitarbeitende in einer solchen konkreten Situation anders oder *besser* aus einem solchen Dilemma *herauskommen* könnten. Insofern ein Dilemma eine ausweglose Situation darstellt, kann die *Auflösung* durch das Handeln einer Mitarbeiterin – wie auch immer dieses aussehen mag – kaum ohne Schuldgefühle oder ein schlechtes Gewissen auf Seiten der Mitarbeiterin einhergehen. Dies ist gleichsam unausweichlich[35].

---

35 Für den umgekehrten Fall, dass die Mitarbeiterin den augenscheinlichen Willen der Bewohnerin berücksichtigt und die Körperpflege nicht durchführt, würde sich das Schuld-

Wie gehen Mitarbeitende mit einer solchen Dilemmasituation um? Welche Wege haben sie, um sich von Schuldgefühlen und schlechtem Gewissen zu entlasten?

Eine Möglichkeit könnte darin bestehen, selbst augenscheinliche Zeichen der Selbstbestimmung von Personen mit Demenz entweder a priori zu ignorieren oder sachlichen Zielen unterzuordnen, damit Dilemmata entweder erst gar nicht „entstehen" oder sich zumindest „entschärfen" lassen. Ihr Verhalten kann vom Prinzip der *fürsorglichen* Vermeidung von Selbst- und Fremdgefährdung geleitet sein, um den ethisch-moralischen Herausforderungen und Anforderungen an die Pflegeperson zu entsprechen. In ihrer Studie „Selbstbestimmung trotz Demenz?" gingen Kotsch und Hitzler (2013) davon aus, dass Pflegende sich darum bemühen, das nachdrücklich proklamierte Selbstbestimmungsgebot – soweit sie es verinnerlicht haben – zu beachten. Als schwierig erlebten die Pflegenden in der Praxis jedoch nicht das Umsetzen dieses Gebotes, sondern das Ermitteln des mutmaßlichen Willens der Personen mit Demenz (Kotsch/Hitzler 2013, S. 18ff.). Diese Annahme war jedoch zu revidieren, „weil sich das Selbstbestimmungsgebot in der pflegerischen Praxis noch nicht mit der Dringlichkeit durchgesetzt hat, mit der es der Lektüre verschiedener Normen, Charten und Leitlinien zufolge der Fall sein sollte. Mithin stellt sich auch das Verständigungsproblem in der pflegerischen Praxis nicht in dem Maße, wie es sich vor dem normativem Hintergrund vermuten ließe" (ebd., S. 112f.). Es drehte sich „weniger darum, *zu verstehen* oder *nachzuvollziehen,* was die dementen Bewohner wünschten – denn das wird, zumindest in großen Zügen, meist durchaus deutlich –, sondern vielmehr darum, sie von diesen Wünschen abzubringen und stattdessen zu einem anderen Verhalten zu bewegen, also zu einem, das nicht selbst- oder fremdgefährdend oder nicht in anderer Hinsicht sozial problematisch oder störend wirkt" (ebd., Hervorhebung im Original). Wir könnten diese Erfahrung aus der Studie von Kotsch und Hitzler vor dem Hintergrund unserer eingangs geschilderten Grundannahme folgendermaßen interpretieren: Die Pflegenden achten das Selbstbestimmungsgebot nicht in dem Maße, wie es sein sollte. Stattdessen bringen sie die Person mit Demenz von Wünschen ab und bewegen sie zu einem anderen Verhalten. Auf diese Weise versetzen sich die Pflegenden in die Lage, die Person mit Demenz bzw. die aktuelle Situation zu kontrollieren. Das Ziel könnte darin bestehen, eine potentielle Selbst- und Fremdgefährdung auszuschließen und ein – möglicherweise nur aus Sicht der Pflegenden sozial problematisches oder störendes Verhalten – zu beruhigen oder

---

gefühl bzw. das schlechte Gewissen auf ihre pflegerische Verantwortung nach dem Fürsorgeprinzip beziehen oder auf Kolleginnen bzw. Kollegen sowie auf Angehörige.

zu verhindern. Möglicherweise geschieht dies sogar antizipativ. Ein solches Vorgehen lässt sich, zumal unter den Vorzeichen von Wertschätzung und Empathie, kaum als personorientiert bezeichnen. Den ‚Preis' dieses Vorgehens zahlt im Zweifelsfalle die Person mit Demenz. Aus Sicht der professionell Pflegenden mag es sich jedoch so darstellen, dass sie in diesem Moment *rational* handeln. Sie reduzieren die Komplexität einer Situation und machen diese für sich kontrollierbar. Wir sollten an dieser Stelle nicht vergessen, dass von Unbestimmbarkeiten und Unwägbarkeiten geprägte Situationen im Spannungsfeld zwischen Selbstbestimmung und fürsorglicher Verantwortung keine Ausnahmesituationen sind, die sich nur selten oder zeitweilig ereignen. Vielmehr handelt es sich um Situationen, denen sich Pflegende permanent, im schnellen Wechsel und häufig wohl auch parallel zu ähnlichen Situationen stellen müssen. Der Versuch, die Komplexität der Situation zur Realisierung der Pflegeziele zu reduzieren, mag sich für professionell Pflegende nicht nur als rational darstellen, sondern sogar als ein *professionelles Handeln,* sofern sie sich nach dem Fürsorgeprinzip auf übergeordnete Verordnungen, Pflichten und Gebote berufen können.

Kommen wir auf die oben geschilderte Situation zurück: Die Bewohnerin hat eingenässt, es riecht streng. Möglicherweise empfindet die Mitarbeiterin ein Gefühl des Ekels. Die Bewohnerin beschimpft sie – was sie als Angriff gegen ihre Person und als Beleidigung empfinden könnte. Außerhalb der Berufsrolle, so können wir annehmen, wäre es eine angemessene – und erlaubte – Reaktion, ein Gefühl des Ekels oder das Empfinden eines Angriffs gegen die eigene Person *ehrlich* ‚zurückzumelden'. Die Mitarbeiterin bleibt jedoch gelassen und beugt sich lächelnd zur Bewohnerin. Ihre *wahren* Gefühle hält sie vermutlich zurück. Sie fügt sich offenbar den normativen Erwartungen an ihre Berufsrolle. Sie *hat sich im Griff, sie reißt sich zusammen,* sie lässt *sich nichts anmerken.* Mit anderen Worten: Sie leistet Emotionsarbeit (Hochschild 2006; Giesenbauer/Glaser 2006).

Wie authentisch *können* bzw. *dürfen* professionell Pflegende bei ihrer Arbeit eigentlich sein? Person- und emotionsorientierte Konzepte fordern Pflegende einerseits dazu auf, in ihrem Handeln authentisch bzw. kongruent[36] zu sein. Gleichzeitig sollen sie ihre *wahren Emotionen* permanent streng kontrollieren und regulieren. Denn Authentizität ist nur in dem Maße zulässig, wie es die normativen Erwartungen an die Berufsrolle zulassen. Genau diese Erwartungen sind im Pflegebereich eng gefasst: Professionell Pflegende sollen u. a. freundlich, hilfsbereit, geduldig, gelassen und aufmerksam sein. Weichen sie davon ab, so zeigen sie Anzeichen von Devianz. Die eige-

---

36 Personorientierte Konzepte rekurrieren dabei maßgeblich auf die klientenzentrierte Gesprächspsychotherapie nach Carl Rogers (vgl. u. a. Kitwood 2008; Richard 2014).

nen Gefühle im Sinne solcher Darstellungsregeln zurückzuhalten und zu kontrollieren, ist also Teil der erwarteten und geforderten Professionalität. Würde dies bedeuten, dass es bei der Aufforderung an professionell Pflegende, authentisch bzw. kongruent zu sein und zu handeln, weniger darum ginge, tatsächlich *echt* zu sein, sondern letztlich darum, Authentizität zu *inszenieren*? Die kontinuierliche Selbstkontrolle der professionell Pflegenden steht gewissermaßen im Gegensatz dazu, dass Personen mit Demenz ihre Gefühle (auch bedingt durch die Erkrankung selbst) unvermittelt, d. h. unkontrolliert äußern und auch äußern dürfen. Wir können vermuten, dass dies die von den Pflegenden zu leistende Emotionsarbeit nicht erleichtert und zu einer andauernden *Herausforderung* macht. Die eigenen Gefühle nicht nur im soeben geschilderten Zusammenhang zu kontrollieren, sondern auch emotional Belastendes nicht oder nur kontrolliert an sich heranzulassen, ist aus Sicht der Pflegenden ebenso als Emotionsarbeit anzusehen – und somit auch als eine Form der Professionalität im Sinne professioneller Distanz. In Konsequenz daraus müssen wir auch hier fragen: Bedeutet dies letztlich, Nähe vor allem zu *inszenieren*? Wir haben zu zeigen versucht, dass die Aufforderung der person- bzw. emotionsorientierten Konzepte, Personen mit Demenz wertschätzend, empathisch und authentisch zu begegnen und mit ihren Gefühlen zu arbeiten, für Pflegende eine komplexe Herausforderung darstellt – nicht zuletzt aufgrund der Gleichzeitigkeit von Manipulation und Kooperation[37]. Wie komplex sich die Wirklichkeit aus Sicht der professionell Pflegenden tatsächlich darstellt, ließe sich mühelos anhand zahlloser weiterer Beispiele darstellen[38].

Abschließend möchten wir fragen: Wer möchte nicht wertschätzend und dabei authentisch sowie mit Empathie pflegen und selbst so gepflegt werden? Ein person- bzw. emotionsorientiertes Handeln ist aus Sicht professionell Pflegender in vielerlei Hinsicht theoretisch nachvollziehbar. Es entspricht weithin ihrem beruflichen Selbstverständnis und die wesentlichen Begrifflichkeiten sind positiv besetzt. Doch könnte es andererseits nicht *auch* der Fall sein, dass es aus Sicht der Pflegenden in der täglichen Auseinandersetzung mit der hochkomplexen Wirklichkeit der Alltagspraxis *gleichzeitig* oftmals *nicht* rational ist, auch so zu handeln? Dass professionell Pflegende nicht person- bzw. emotionsorientiert handeln, sondern vorwie-

---

37 Giesenbauer und Glaser (2006, S. 73) stellen verwundert fest, dass das Konzept der „Gefühlsarbeit" in der Pflegewissenschaft bislang kaum Resonanz gefunden hat. Sie erklären dies damit, dass sich die Bearbeitung der Gefühle anderer Personen auch als manipulatives Verhalten auffassen lässt. Dies entspricht nicht dem, was Pflegefachpersonen selbst von ihrem Beruf erwarten.
38 Beispielsweise das Phänomen der Rollenumkehr mit seiner Kombination aus Übertragung und Gegenübertragung (Klessmann 2004; Koch-Straube 2003).

gend funktional, distanziert und an der Oberfläche agieren, scheint – nicht nur unserer eigenen Untersuchung zufolge – die Regel und nicht die Ausnahme zu sein. Ausnahmen stellen allenfalls einzelne Mitarbeitende dar. Wir haben dies damit zu erklären versucht, dass Mitarbeitende Sicherheit suchen, indem sie eine Distanz aufbauen, die ihnen Eigen- und Fremdkontrolle ermöglicht. Sicherheit und Kontrolle in einer komplexen, oftmals chaotischen Arbeitswirklichkeit zu gewinnen, ist ein starkes und nachvollziehbares Motiv. Ein Motiv, das aus Sicht der Mitarbeitenden ebenso für berufliche Professionalität auf der einen Seite stehen mag, wie person- bzw. emotionsorientiertes Handeln auf der anderen Seite. Vor diesem Hintergrund wären die von uns festgestellten Widersprüche zwischen Anspruch und Wirklichkeit erklärbar. Dies stürzt uns mit unserer Annahme freilich selbst in ein Dilemma. Erkennen wir dies an, hieße das, Personen mit Demenz nicht angemessen personenzentriert, d. h. ihren Bedürfnissen entsprechend, zu begegnen.

Was ist zu tun?

Hierauf eine Antwort zu finden, ist eine immense Aufgabe. Vielleicht wäre es eine Möglichkeit, Person- bzw. Emotionsorientierung weniger von den Personen mit Demenz aus zu denken, sondern den Blick zu weiten und auch auf die Mitarbeitenden zu richten. Es wäre wichtig, nicht nur zu beschreiben, was Mitarbeitende *sollen,* sondern zu fragen: Was *können sie* vor dem Hintergrund ihrer hochkomplexen Alltagswirklichkeit bewirken? Den Aspekt der Mitarbeiterorientierung im Zusammenhang mit person- bzw. emotionsorientierten Verfahren stärker zu berücksichtigen, hieße insbesondere auch, Mitarbeitende stärker zu sensibilisieren für die tatsächlichen Schwierigkeiten und Phänomene ihrer Alltagswirklichkeit. Es ist bedeutsam, ihre Wahrnehmung entsprechend zu schulen.

Vor diesem Hintergrund finden wir es erstaunlich, dass Integrative Validation und Basale Stimulation Mitarbeitende einerseits dazu auffordern, mit pflegebedürftigen Personen in Beziehung zu treten sowie mit und an deren Gefühlen zu arbeiten, ohne dabei die durchaus bekannten Phänomene der Gefühls- und Emotionsarbeit überhaupt zur Sprache zu bringen.

Wir können davon ausgehen, dass den meisten Mitarbeitenden diese Phänomene in ihrer Komplexität nicht oder nur wenig bekannt sein dürften. Dies könnte bedeuten, dass sie einen wesentlichen Aspekt ihrer täglichen Arbeit gar nicht als „Arbeit" wahrnehmen und sich Belastungen, die sich hieraus ergeben, in einem mehr oder weniger diffusen Unbehagen auslaufen. Es dürfte nicht auszuschließen sein, dass ein solches diffuses Unbehagen spezifische Ausdrucksformen findet, beispielsweise in Klagen über hohen Zeitdruck oder die schlechte personelle Ausstattung.

Wir möchten hier an einen Gedanken anschließen, der am Abschluss unserer Studie als bewusste Provokation verstanden werden darf: Gehen wir davon aus, dass die Alltagswirklichkeit professionell Pflegende dazu drängt, kontinuierlich vielfältige Strategien zu entwickeln, um Herausforderungen auf ein für sie erträgliches und handhabbares Maß zu reduzieren, wäre es dann nicht angemessen, person- und emotionsorientiertes Handeln als bloße *Inszenierung* zu denken? Personorientierung als Inszenierung zu denken und zu vermitteln, könnte ein lohnender Versuch sein. Er könnte ermöglichen, die hohen Anforderungen und Ansprüche der Konzepte an die Wirklichkeit anzupassen – an die bestehenden Gegebenheiten, so wie sie sind, *weder verfälscht, noch entstellt, noch verklärt*. Dies könnte eine Entlastung für Mitarbeitende bewirken und ihnen das nötige Maß an Sicherheit geben.

Literatur

Ackermann, K.-E. (2007): Sonderpädagogische Erfindungskraft als Medium der Wiederentdeckung der Bildsamkeit. Zum physiologischen Ansatz einer „Pädagogik bei schwerster Behinderung". In: Zeitschrift für Pädagogik 52, Beiheft, S. 155–177.

Algase, D. L./Beck, C./Kolanowski, A./Whall, A./Berent, S./Richards, K./Beattie, E. R. A. (1996): Need-driven dementia-compromised behavior: An alternative view of disruptive behavior. In: American Journal of Alzheimer's Disease and Other Dementias 11, H. 6, S. 10–19.

Alzheimer's Disease International (2013): „World Alzheimer Report 2013. Journey of Caring. An analysis of longterm care for dementia". www.alz.co.uk/research/WorldAlzheimerReport2013.pdf (Abfrage: 20.01.2014).

Arens, F. (2004): Kommunikation zwischen Pflegenden und dementierenden alten Menschen: Eine qualitative Studie. Frankfurt am Main: Mabuse Verlag.

Baker, R./Bell, S./Gibons, S./Hallowas, J./Pearce, R./Bowling, Z./Thomas, P./Assey, J./Wareing, L. A. (2001): A randomized controlled trial of the effects of multi-sensory stimulation (MSS) for people with dementia. In: British Journal of Clinical Psychology 40 (Pt 1), S. 81–96.

Baker, R./Dowling, Z./Wareing, L. A./Dawson, J./Assey, J. (1997): Snoezelen: Its Long-Term and Short-Term Effects on Older People with Dementia. In: British Journal of Occupational Therapy 60, H. 5, S. 213–218.

Baker, R./Holloway, J./Holtkamp, C. C./Larsson, A./Hartman, L. C./Pearce, R./Scherman, B./Johansson, S./Thomas, P. W./Wareing, L. A./Owens, M. (2003): Effects of multi-sensory stimulation for people with dementia. In: Journal of Advanced Nursing 43, H. 5, S. 465–477.

Bär, M./Kruse, A./Re, S. (2003): Emotional bedeutsame Situationen im Alltag demenzkranker Heimbewohner. Zeitschrift für Gerontologie und Geriatrie 36, H. 6, S. 454–462.

Bartholomeyczik, S./Halek, M. (2011): Herausforderndes Verhalten bei Menschen mit Demenz: Offene Fragen für die Forschung. In: Dibelius, O./Maier, W. (Hrsg.): Versorgungsforschung für demenziell erkrankte Menschen. Stuttgart: Kohlhammer Verlag. S. 32–39.

Bartholomeyczik, S./Holle, D./Halek, M. (2013): Herausforderndes Verhalten bei Menschen mit Demenz verstehen. Die Verbesserung der Versorgung Demenzkranker durch Qualitätsinstrumente. Von der Arbeit beim Leuchtturmprojekt Demenz des Bundesgesundheitsministeriums. Weinheim: Beltz Juventa.

Beer, T./Keller, C. (2012): „Hallo, hallo, wo bin ich?" Emotionsorientierte Kommunikationsansätze im Umgang mit Menschen mit Demenz. In: Schröer, N./Hinnenkamp, V./Kreher, S./Poferl, A. (Hrsg.): Lebenswelt und Ethnographie. Essen: Oldib-Verlag, S. 345–354.

Behrens, J. (2005): Abhören ersetzt Zuhören nicht, Fürsorge nicht Respekt. In: Bollinger, H./Gerlach, A./Pfadenhauer, M. (Hrsg.): Gesundheitsberufe im Wandel. Frankfurt am Main: Mabuse. S. 103–145.

Bergmann, J. R. (2005): „Studies of Work". In: Rauner, F. (Hrsg.): Handbuch der Berufsbildungsforschung. Bielefeld: W. Bertelsmann-Verlag. S. 2–9.

Bickel, H. (2012): Epidemiologie und Gesundheitsökonomie. In: Wallesch, C.-W./Förstl, H. (Hrsg.): Demenzen. 2. Auflage. Stuttgart: Georg Thieme Verlag. S. 18–35.

Bienstein, C./Fröhlich, A. (2010): Basale Stimulation in der Pflege – Die Grundlagen. Bern: Verlag Hans Huber.

Bird M./Moniz-Cook, E. D. (2008): Challenging Behaviour in Dementia: A Psychosocial Approach to Intervention. In: Woods B./Clare L. (Hrsg.): Handbook of the Clinical Psychology of Ageing. Chichester: John Wiley and Sons, S. 571–594.

Birken, T./Weihrich, M. (2010): „Jenseits des Rationalen? Über den organisationalen Umgang mit Demenz". www.organisations-soziologie.de/ag/wp-content/uploads/2010/10/2010_Birken_Weihrich_Umgang-mit-Demenz.pdf (Abfrage 15.03.2015).

Böhle, F./Glaser, J. (2006): Arbeit in der Interaktion-Interaktion als Arbeit – Arbeitsorganisation und Interaktionsarbeit in der Dienstleistung. Wiesbaden: VS-Verlag für Sozialwissenschaften.

Bohling, H. R. (1991): Communication with Alzheimer's sufferers: An analysis of caregiver listening patterns. In: The International Journal of Aging Human Development 33, H. 4, S. 149–267.

Böhm, A. (2007): Theoretisches Codieren: Textanalyse in der Grounded Theory. In: Flick, U./von Kardoff, E./Steinke, I. (Hrsg.): Qualitative Forschung. Ein Handbuch. Reinbek: Rowohlt. S. 475–485.

Bosch, C. F. M. (1998): Vertrautheit. Studie zur Lebenswelt dementierender alter Menschen. Wiesbaden: Ullstein Medical.

Brinker-Meyendrisch, E./Erdmann, A. (2011): Demenz: Leben und Lernen im Modellheim Haus Schwansen. Forschungsergebnisse aus dem Leuchtturmprojekt „TransAltern". Frankfurt am Main: Mabuse Verlag.

Brodaty, H./Draper, B./Saab, D./Low, L. F./Richards, V./Paton, H./Lie, D. (2001): Psychosis, depression and behavioural disturbances in Sydney nursing home residents: prevalence and predictors. In: International Journal of Geriatric Psychiatry 16, H. 5, S. 504–512.

Bundesministerium für Gesundheit (2006): „Rahmenempfehlungen zum Umgang mit herausforderndem Verhalten bei Menschen mit Demenz in der stationären Altenhilfe". www.bundesgesundheitsministerium.de/fileadmin/fa_redaktion_bak/pdf_publikationen/Forschungsbericht_Rahmenempfehlungen_Umgang_Demenz.pdf (Abfrage: 29.07.2015).

Cadieux, M.-A./Garcia, L. J./Patrick, J. (2013): Needs of people with dementia in long-term care: a systematic review. In: American Journal of Alzheimer's Disease and Other Dementias 28, H. 8, S. 723–733.

Clees, J./Eierdanz, J. (1996): Bühne frei im Altenheim. In: Altenpflege 11, S. 709–715.

Cohen-Mansfield J./Thein K./Marx M. S./Dakheel-Ali M./Murad H./Freedman, L. S. (2012): The relationships of environment and personal characteristics to agitated behaviors in nursing home residents with dementia. In: The Journal of Clinical Psychiatry 73, H. 3, S. 392–399.

Cohen-Mansfield, J. (2001): Nonpharmacologic interventions for inappropriate behaviors in dementia: a review, summary, and critique. In: The American Journal of Geriatric Psychiatry 9, H. 4, S. 361–381.

Cohen-Mansfield, J./Werner, P. (1998): Predictors of aggressive behaviors: a longitudinal study in senior day care centers. In: The Journals of Gerontology 53, H. 5, S. 300–310.

Colling, K. B. (1999): Passive behaviours in dementia. Clinical application of the needdriven dementia-compromised behavior model. J Gerontol Nurs;25: S. 27–32.

Deutsche Gesellschaft für Allgemeinmedizin und Familienmedizien [DEGAM] (Ed.). (2008). Demenz: Leitlinie Langfassung. Düsseldorf: Omikron Publ.

Dickson K./Lafortune L./Kavanagh J./Thomas J./Mays N./Erens B. (2012): „Non-drug treatments for symptoms in dementia: an overview of systematic reviews of non-pharmacological interventions in the management of neuropsychiatric symptoms and challenging behaviours in patients with dementia". www.eppi.ioe.ac.uk/cms/LinkClick.aspx?fileticket=qPNbVMn8JKQ%3d&tabid=3335&mid=6487 (Abfrage: 29.07.2015).

Downs, M. (2000): Dementia in a socio-cultural context: an idea whose time has come: an idea whose time has come. In: Ageing and Society 20, H. 3, S. 369–375.

Elfner, P. (2008): Personzentrierte Beratung und Therapie in der Gerontopsychiatrie. München: Reinhardt Verlag.

Erdmann, A./Schnepp, W. (2012): Validation nach Feil oder Richard? Eine systematische Literaturstudie zur Differenzierung zweier Methoden. In: Pflegewissenschaft 14, H. 11, S. 581–595.

Erlemeier, N. (2002): Alternspsychologie. Grundlage für Sozial- und Pflegeberufe. Münster: Waxmann Verlag.

Feil, N./de Klerk-Rubin, V. (2005): Validation. Ein Weg zum Verständnis alter Menschen. München: Reinhardt Verlag.

Flick, U./vonKardoff, E./Steincke, I. (2009): Was ist qualitative Forschung? Einleitung und Überblick. In: Flick, U./von Kardoff, E./Steincke, I. (Hrsg.): Qualitative Forschung – Ein Handbuch. Reinbek: Rowohlt, S. 13–29.

Franck, G. (1998): Ökonomie der Aufmerksamkeit. Ein Entwurf. München: Carl Hanser Verlag.

Friesacher, H. (1999): Verstehende, phänomenologische-biographische Diagnostik. Eine Alternative zu „traditionellen" Klassifikations- und Diagnosesystemen in der Pflege. Mabuse 120; S. 54–60.

Friesacher, H. (2008). Theorie und Praxis pflegerischen Handelns: Begründung und Entwurf einer kritischen Theorie der Pflegewissenschaft. Göttingen: V & R Unipress.

Fröhlich, A. (2008): Basale Stimulation. Das Konzept. Düsseldorf: Verlag Selbstbestimmtes Leben.

Fröhlich, A./Nydahl, P. (2008): „Haltung, Kompetenz, Technik". www.basale-stimulation.de/fileadmin/Redaktion/pdf/Haltung_Kompetenz_Technik_PE.pdf (Abfrage: 27.08.2013).

Gans, M./Margraf, K./Ulmer, E.-M./Wissmann, P. (2014): Interaktion mit allen Sinnen (IMAS) Interaktion mit allen Sinnen (IMAS) „Kompetent bleiben" Kulturell geprägte Interaktionsformen bleiben erhalten: Explorative Studie zur Interaktion in der Begleitung von Menschen mit Demenz. Stuttgart.

Giesenbauer, B./Glaser, J. (2006): Emotions- und Gefühlsarbeit in der Pflege. In: Böhle, F./Glaser, J. (Hrsg.): Arbeit in der Interaktion – Interaktion als Arbeit. Arbeitsorganisation und Interaktionsarbeit in der Dienstleistung, Wiesbaden: VS-Verlag für Sozialwissenschaften, S. 59–83.

Glaser, B./Strauss, A. (1967): The Discovery of Grounded Theory. Chicago: Weidenfeld.

Glaser, B.G. (2001). The grounded theory perspective: conceptualization contrasted with description. Mill Valley: Sociology Press.

Goldsmith, M. (1996): Hearing the Voice of People with Dementia. Opportunities and Obstacles. London: Jessica Kingley Publishers.

Gräsel, E./Wiltfang, J./Kornhuber, J. (2003): Non-Drug Therapies for Dementia: An Overview of the Current Situation with Regard to Proof of Effectiveness. Dementia and Geriatric Cognitive Disorders, 15(3), S. 115–125.

Grond, E. (2009): Pflege Demenzkranker. Hannover: Brigitte Kunz Verlag.

Gronemeyer, R. (2013): Das 4. Lebensalter: Demenz ist keine Krankheit. München: Pattloch.

Gröning, K. (2000): Institutionelle Mindestanforderungen bei der Pflege von Dementen. In: Tackenberg P./Abt-Zegelin A. (Hrsg.): Demenz und Pflege – eine interdisziplinäre Betrachtung. Frankfurt am Main: Mabuse Verlag.

Gustorff, D. (1992): Musiktherapie mit komatösen Patienten. In: Musiktherapeutische Umschau 1991.

Halek, M./Bartholomeyczik, S. (2006): Verstehen und Handeln. Forschungsergebnisse zur Pflege von Menschen mit Demenz und herausforderndem Verhalten. Hannover: Schlütersche Verlagsgesellschaft.

Halek, M./Bartholomeyczik, S. (2012): Description of the behaviour of wandering in people with dementia living in nursing homes – a review of the literature. In: Scandinavian Journal of Caring Sciences 26, H. 2, S. 404–413.

Hardenacke, D./Bartholomeyczik, S./Halek, M. (2011): Einführung und Evaluation der „Verstehenden Diagnostik" am Beispiel des Leuchtturmprojektes InDemA. In: Pflege & Gesellschaft 16, H. 2, S. 101–115.

Harnett, T. (2014). Framing spaces in places: Creating „respite spaces" in dementia care settings. In: Dementia 13, H. 3, S. 396–411.

Heath, C./Luff, P. (1992): Explicating face to face interaction. In: Gilbert, N. (Hrsg.): Researching Social Life. London: Sage. S. 306–327.

Held, C. (2013): Was ist „gute" Demenzpflege?: Demenz als neuro-dissoziatives Geschehen verstehen. Bern: Verlag Hans Huber.

Hitzler, R. (1991): Dummheit als Methode. Eine dramatologische Textinterpretation. In: Garz, D./Kraimer, K. (Hrsg.): Qualitativ-empirische Sozialforschung. Opladen: Westdeutscher Verlag. S. 295–318.

Hitzler, R. (2015): Sinngemäßes. Mit Thomas Eberle auf der Suche nach den Grundlagen und Herausforderungen interpretativer Sozialforschung. In: Brosziewski, A./Maeder, C./Nentwich, J. (Hrsg.): Vom Sinn der Soziologie. Festschrift für Thomas S. Eberle. Wiesbaden: Springer VS. S. 115–135.

Hitzler, R./Gothe, M. (2015): Zur Einleitung. Methodologisch-methodische Aspekte ethnographischer Forschungsprojekte. In: Hitzler, R./Gothe, M. (Hrsg.): Ethnographische Erkundungen. Methodische Aspekte aktueller Forschungsprojekte. Wiesbaden: Springer VS. S. 9–16.

Hochschild, A. (2006): Das gekaufte Herz: Die Kommerzialisierung der Gefühle. Frankfurt am Main: Campus Verlag.

Holle, D./Halek, M./Mayer, H./Bartholomeyczik, S. (2011): Die Auswirkungen der Verstehenden Diagnostik auf das Belastungserleben Pflegender im Umgang mit Menschen mit Demenz in der stationären Altenhilfe. In: Pflege 24, H. 5, S. 303–316.

Honer, A. (1989): Einige Probleme lebensweltlicher Ethnographie. Zur Methodologie und Methodik einer interpretativen Sozialforschung. In: Zeitschrift für Soziologie 18, H. 4, S. 297–312.

Honer, A. (1993): Lebensweltliche Ethnographie. Ein explorativ-interpretativer Forschungsansatz am Beispiel von Heimwerker-Wissen. Wiesbaden: Deutscher Universitäts-Verlag.

Honer, A. (2003): Interview. In: Bohnsack, R./Meuser, M. (Hrsg.): Handbuch qualitative Sozialforschung. Opladen: Verlag Leske + Budrich. S. 94–99.

Honer, A. (2011a): Zeitkonfusionen. Zur intersubjektiven Rekonstruktion des temporalen Erlebens Demenzkranker. In: Honer, A. (Hrsg.): Kleine Leiblichkeiten. Wiesbaden: VS-Verlag für Sozialwissenschaften. S. 131–140.

Honer, A. (2011b): Bausteine zu einer lebensweltorientierten Wissenssoziologie. In: Honer, A. (Hrsg.): Kleine Leiblichkeiten. Wiesbaden: VS-Verlag für Sozialwissenschaften. S. 11–26.

Honer, A. (2011c): Das Perspektivproblem in der Sozialforschung. In: Honer, A. (Hrsg.): Kleine Leiblichkeiten. Wiesbaden: VS-Verlag für Sozialwissenschaften. S. 27–40.

Honer, A. (2011d). Problem-Körper. Einige psychische Aspekte der Pflege von Demenzkranken. In: Honer, A. (Hrsg.): Kleine Leiblichkeiten. Wiesbaden: VS-Verlag für Sozialwissenschaften. S. 121–130.

Hopf, C. (2000): Qualitative Interviews. Ein Überblick. In: Flick, U./von Kardorff, E./Steinke, I. (Hrsg.): Qualitative Forschung. Ein Handbuch. Rowohlt: Reinbek. S. 349–360.

Höhmann U./Bartholomeyczik, S. (2013): Komplexe Wirkungszusammenhänge in der Pflege erforschen: Konzepte statt Rezepte. Pflege & Gesellschaft 18. (4), S. 293–312.

Höwler, E. (2007): Interaktionen zwischen Pflegenden und Personen mit Demenz: Ein pflegedidaktisches Konzept für Ausbildung und Praxis. Stuttgart: Kohlhammer.

Hülsken-Giesler, M. (2008): Der Zugang zum Anderen: Zur theoretischen Rekonstruktion von Professionalisierungsstrategien pflegerischen Handelns im Spannungsfeld von Mimesis und Maschinenlogik. Göttingen: V & R Unipress.

Innes, A. (2014): Demenzforschung. Das Erleben und die Versorgung von Menschen mit Demenz erforschen. Bern: Verlag Hans Huber.

Institut für Qualität und Wirtschaftlichkeit im Gesundheitswesen (IQWIG) (2009): „Nichtmedikamentöse Behandlung der Alzheimer Demenz. Abschlussbericht". www.iqwig.de/download/A05-19D_Abschlussbericht_Nichtmedikamentoese_Behandlung_der_Alzheimer_Demenz.pdf (Abfrage: 27.08.2015).

James, I. A. (2013): Herausforderndes Verhalten bei Menschen mit Demenz. Einschätzen, verstehen und behandeln. Deutschsprachige Ausgabe herausgegeben von Detlef Rüsing. Bern: Verlag Hans Huber.

James, I. A./Sabin N. (2002): Safety seeking behaviours. Conceptualizing a person's reaction to the experience of cognitive confusion. In: Dementia 1, H. 1, S. 37–45.

Kitwood, T. (1990): The dialectics of dementia: With particular reference to Alzheimer's disease. In: Ageing and Society 10, H. 2, S. 177–196.

Kitwood, T. (1993): Towards a theory of dementia care: The interpersonal process. In: Ageing and Society 13, H. 1, S. 51–67.

Kitwood, T. (2008): Demenz. Der person-zentrierte Ansatz im Umgang mit verwirrten Menschen. Deutschsprachige Ausgabe herausgegeben von Christian Müller-Hergl. Bern: Verlag Hans Huber.

Klessmann, E. (2004): Wenn Eltern Kinder werden und doch die Eltern bleiben – Die Doppelbotschaft der Altersdemenz. Bern: Verlag Hans Huber.

Knoblauch, H. (2001): Fokussierte Ethnographie: Soziologie, Ethnologie und die neue Welle der Ethnographie. In: Sozialer Sinn 2, H. 1, S. 123–141.

Koch-Straube, U. (2003): Fremde Welt Pflegeheim – Eine ethnologische Studie. Bern: Verlag Hans Huber.

Kolanowski A. M. (1999): An overview of the Need-Driven Dementia-Compromised Behavior Model. In: Journal of Gerontological Nursing 25, H. 9, S. 7–9.

Kontos, P. C. (2004): Ethnographic reflections on selfhood, embodiment and Alzheimer's disease. In: Aging and Society 24, H. 6, S. 829–849.

Kotsch, L./Hitzler, R. (2013): Selbstbestimmung trotz Demenz? Ein Gebot und seine praktische Relevanz im Pflegealltag. Weinheim: Beltz Juventa.

Kovach, C. R./Noonan, P. E./Matovina Schlidt, A./Wells, T. (2005): A Model of Consequences of Need-Driven, Dementia-Compromised Behavior. In: Journal of Nursing Scholarship 37, H. 2, S. 134–140.

Leone, E./Deudon, A./Bauchet, M./Laye, M./Bordone, N./Lee J. H., et al. (2013): Management of apathy in nursing homes using a teaching program for care staff: The STIMEHPAD study. Int J Geriatr Psychiatry 2013;28.: S. 383–92.

Lind, S. (2002): Rezension zu Naomi Feil: Validation. München: Ernst Reinhardt Verlag (München) 2000. 6. Auflage. In: socialnet Rezensionen, ISSN 2190-9245, http://www.socialnet.de/rezensionen/260.php, Datum des Zugriffs 21.08.2015

Lohmann-Haisla, A. (2012): Stressreport Deutschland 2012 – Psychische Anforderungen, Ressourcen und Befinden. Dortmund/Berlin/Dresden: Bundesanstalt für Arbeitsschutz und Arbeitsmedizin (BAuA).

Lopez, S. H. (2006): Emotional Labor and Organized Emotional Care: Conceptualizing Nursing Home Care Work. Work and Occupations, 33(2), 133–160.

Lyman, K. (1989): Bringing the social back in: a critique of the biomedicalization of dementia. In: Gerontologist 29, H. 5), S. 597–604.

Magai, C./Cohen, C./Gomberg, D./Malatesta, C./Culver, C. (1999): Emotional Expression During Mid- to Late-Stage Dementia. International Psychogeriatrics 8, H. 3, S. 383–395.

Magai, C./Cohen, C. I./Gomberg, D. (2002). Impact of Training Dementia Caregivers in Sensitivity to Nonverbal Emotion Signals. International Psychogeriatrics 14, H. 1, S. 25–38.

Margallo-Lana, M./Swann, A./O'Brien, J./Fairbairn, A./Reichelt, K./Potkins, D./Mynt, P./Ballard, C. (2001): Prevalence and pharmacological management of behavioural and psychological symptoms amongst dementia sufferers living in care environments. In: International Journal of Geriatric Psychiatry 16, H. 1, S. 39–44.

Matthews, F. E./Arthur, A./Barnes, L. E./Bond, J./Jagger, C./Robinson, L./Brayne, C. (2013): A two-decade comparison of prevalence of dementia in individuals aged 65 years and older from three geographical areas of England: results of the Cognitive Function and Ageing Study I and II. In: The Lancet 382, H. 9902, S. 1405–1412.

Mergen, P. (2001): Demenz im Alltag einer Pflegestation. Die Gestaltung des Alltages demenzkranker Bewohner/innen einer geschlossenen Pflegestation. Lage: Jacobs.

Mey, G./Mruck, K. (2009): Methodologie und Methodik der Grounded Theory. In: Kempf, W./Kiefer, M. (Hrsg.): Forschungsmethoden der Psychologie. Zwischen naturwissenschaftlichem Experiment und sozialwissenschaftlicher Hermeneutik. Band 3: Psychologie als Natur und Kultur. Die soziale Konstruktion der Wirklichkeit. Berlin: Regener. S. 100-152.

Morton; I. (2002): Die Würde wahren. Personzentrierte Ansätze in der Betreuung von Menschen mit Demenz. Stuttgart: Klett-Cotta.

National Institute for Health and Clinical Excellence [NICE] (Ed.): (2006). Dementia: A NICE-SCIE guideline on supporting people with dementia and their carers in health and social care. Leicester, London: British Psychological Society; Royal College of Psychiatrists.

Neal M./Barton Wright P. (2003): Validation therapy for dementia. Cochrane Database of Systematic Reviews 2003, Issue 3. Art. No.: CD001394.

Neumann-Ponesch, S./Höller, A. (2010): Gefühlsarbeit in Pflege und Betreuung: Sichtbarkeit und Bewertung gelungener Beziehungsarbeit. Wien: Springer.

Newerla, A. (2012): Verwirrte pflegen. Verwirrte Pflege? – Handlungsprobleme und Handlungsstrategien in der stationären Pflege von Menschen mit Demenz – eine ethnographische Studie. Münster: Lit-Verlag.

Nydahl, P. (2007): Basale Stimulation in der Pflege – was ist gesichert? In: Die Schwester Der Pfleger 46, H. 6, S. 496–500.

Nydahl, P./Bartoszek G. (2012): Basale Stimulation. Neue Wege in der Pflege Schwerstkranker. München: Urban & Fischer Verlag.

O'Connor DW./Ames D./Gardner B, King M. (2009): Psychosocial treatments of psychological symptoms in dementia: a systematic review of reports meeting quality standards. In: International Psychogeriatrics 21, H. 2, S. 241–251.

Oevermann, U. (1996): Theoretische Skizze einer revidierten Theorie professionalisierten Handelns. In. Combe, A./Helsper, W. (Hrsg.): Pädagogische Professionalität. Frankfurt am Main: Suhrkamp. S. 70–182.

Olazaran, J./Reisberg, B./Clare, L/Cruz, I./Pena-Casanova, J./del Ser, T./Woods, B./Beck, C./ Auer, S./Lai, C./Spector, A./Fazio, S./Bond, J./Kivipelto, M./Brodaty, H./Rojo, J.M./Collins, H./Teri, L./Mittelman, M./Orrell, M./Feldman, H.H./Muniz, R. (2010). In: Dementia and Geriatric Cognitive Disorders 30, H. 2, S. 161-178.

Palm, R./Köhler, K./Dichter, M.N./Bartholomeyczik, S./Holle, B. (2013). Entwicklung, Umsetzung und Evaluation pflegerischer Interventionen für Menschen mit Demenz in der stationären Altenhilfe in Deutschland – eine Literaturstudie. In: Pflege 26, H. 5, S. 337-355.

Perrin T./May H./Anderson E. (2008): Wellbeing in Dementia. An Occupational Approach for Therapists and Carers. Edinburgh: Elsevier.

Pinkert, C. (2002): Das subjektive Erleben von Schlafstörungen bei Patientinnen und Patienten auf der Intensivstation. Masterarbeit Universität Witten/Herdecke.

Poferl, A./Reichertz, J. (2015): Wege ins Feld: Methodologische Aspekte des Feldzugangs; Beiträge der 4. Fuldaer Feldarbeitstage 5./6. Juli 2013. Essen: Oldib-Verlag.

Popham, C./Orrell, M. (2012): What matters for people with dementia in care homes? In: Aging & Mental Health 16, H. 2, S. 181-188.

Raven, U. (2006): Pflegerische Handlungskompetenz – Konsequenzen einer Begriffserklärung. In: PRInternet 1, H. 6, S. 22-27.

Re, S. (2003): Erleben und Ausdruck von Emotionen bei schwerer Demenz (Bd. 5). Hamburg: Kovač.

Reichertz, J./Wilz, S.M. (2015): Kommunikatives Handeln und Situation. Oder: Über die Notwendigkeit, die Situation wieder zu entdecken. In: Brosziewski, A./Maeder, C./Nentwich, J. (Hrsg.): Vom Sinn der Soziologie. Festschrift für Thomas S. Eberle. Wiesbaden: Springer VS. S. 37-49.

Rennecke, S. (2005): Die Pflege dementer Menschen – Eine Studie über Interaktionen zwischen dementen Menschen und Pflegenden. In: Schnell, M.W. (Hrsg.): Ethik der Interpersonalität – Die Zuwendung zum anderen Menschen im Licht empirischer Forschung. Hannover: Schlütersche Verlagsgesellschaft.

Richard, N. (1994a): Mit Validation finden wir die Lichtung im Nebel der Verwirrtheit. In: Pflegezeitschrift 47, H. 4, S. 232-235.

Richard, N. (1994b): Validation. Lichtungen im Nebel der Verwirrtheit finden. In: Altenpflege 19, H. 3, S. 196-199.

Richard, N. (2000): Demenz, Kommunikation und Körpersprache. Integrative Validation (IVA). In: Tackenberg, P./Abt-Zegelin, A. (Hrsg.): Demenz und Pflege: eine interdisziplinäre Betrachtung. Frankfurt am Main: Mabuse Verlag. S. 142-147.

Richard, N. (2001): Wertschätzende Begegnung-Integrative Validation (IVA). In: Dürrmann, P. (Hrsg.): Besondere Dementenbetreuung. Hannover: Vincenz. S. 56-61.

Richard, N. (2002): Das Erleben von Grenzen: Ein Annäherungsversuch an die Innenwelt der Demenzkranken mit der Integrativen Validation. In: D.E.D. e.V. (Hrsg.): 1. Fachtagung – Leben in Grenzen? Hamburg: Deutsche Expertengruppe Dementenbetreuung e.V. S. 26-35.

Richard, N. (2004): Kommunikation und Körpersprache mit demenzkranken Menschen – die integrative Validation (IVA). In: Unterricht Pflege 5, S. 13-16.

Richard, N. (2006a): Das Puzzle des Lebens. Die Methode der Integrativen Validation. In: Altenpflege 21, H. 6, S. 42-43.

Richard, N. (2006b): Integrative Validation (IVA) und die Umsetzung. In: Pflegebulletin 7, H. 3, S. 6-9.

Richard, N. (2006c): „'Woher weißt du das, Schwester?' – die Integrative Validation ist ein Begegnungskonzept. Sie unterstützt Kommunikation und Kontaktaufnahme mit Menschen". www.integrative-validation.de/start.htm (Abfrage: 18.05.2012).

Richard, N. (2009): „Integrative Validation". www.integrative-validation.de/files/iva/pdf/definition.IVA.4.Saeulen.pdf (Abfrage: 30.07.2015).

Richard, N. (2010a): „Sie sind sehr in Sorge": Die Innenwelt von Menschen mit Demenz gelten lassen. In: CuraViva 2, S. 4–8.

Richard, N. (2010b): Das Puzzle des Lebens. Die Integrative Validation ist ein sehr spezielles Begegnungskonzept. In: Altenpflege Spezial, S. 7–9.

Richard, N. (2011a): „Das Leben ist ein zerbrechliches Puzzle". www.integrative-validation.de/start.htm (Abfrage: 18.05.2012).

Richard, N. (2011b): Aufbaukurs Integrative Validation, Teil II, Arbeitsblätter. Institut für Integrative Validation (unveröffentlicht).

Richard, N. (2014): IVA – Wertschätzender Umgang mit demenzkranken Menschen – Integrative Validation nach Richard. Bollendorf: Eigenverlag Carlo Richard.

Richard, N. (ohne Datum): Regeln der IVA, IVA-Aufbaukurs Teil I, Arbeitsblätter. Institut für Integrative Validation

Rieckmann, N./Schwarzbach, C./Nocon, M./Roll, S./Vaut, C./Willich, S./Greiner, W. (2008): „Pflegerische Versorgungskonzepte für Personen mit Demenzerkrankungen". Schriftenreihe Health Technology Assessment (HTA) in der Bundesrepublik Deutschland, HTA-Bericht 80. http://portal.dimdi.de/de/hta/hta_berichte/hta215_bericht_de.pdf (Abfrage: 30.07.2015).

Sabat, S.R. (1994): Excess disability and malignant social psychology: A case study of Alzheimer's disease. In: Journal of Community and Applied Social Psychology 4, H. 3, S. 157–166.

Sabat, S.R. (1998): Voices of Alzheimer's disease sufferers: A call for treatment based on person-hood. In: The Journal of Clinical Ethics 9, H. 1, S. 38–51.

Sabat, S.R. (2002a): Selfhood and Alzheimer's Disease. In: Harris, P.B. (Hrsg.): The Person with Alzheimer's Disease: Pathways to Understanding the Experience. Baltimore: The Johns Hopkins University Press. S. 88–111.

Sabat, S.R. (2002b): Surviving manifestations of selfhood in Alzheimer's disease. A case study. In: Dementia 1, H. 1, S. 25–36.

Sabat, S.R./Harré, R. (1994): The Alzheimer's disease sufferer as a semiotic subject. In: Philosophy, Psychiatry, Psychology 1, H. 3, S. 145–160.

Sabat, S.R./Cagigas, X. (1997): Extralinguistic Communication Compensates for the Loss of Verbal Fluency: A Case Study of Alzheimer's Disease. In: Language & Communication 17, H. 4, S. 341–351.

Sachweh, S. (2000): „Schätzle hinsitze!": Kommunikation in der Altenpflege. 2. Auflage. Frankfurt am Main: Lang.

Sachweh, S./Sachweh, S.M. (2012): „Noch ein Löffelchen?": Effektive Kommunikation in der Altenpflege. 3. Vollständig überarbeitete Auflage. Bern: Verlag Hans Huber.

Salomon, F. (1991): Leben und Sterben in der Intensivstation. Lengerich: Papst Science Publishers.

Savaskan, E./Bopp-Kistler, I./Buerge, M./Fischlin, R./Georgescu, D./Giardini, U./Wollmer, M.A. (2014): Empfehlungen zur Diagnostik und Therapie der behavioralen und psychologischen Symptome der Demenz (BPSD). Praxis, 103(3), S. 135–148.

Schäufele, M./Lode, S./Hendlmeier, I./Köhler, L./Weyerer, S. (2008): Demenzkranke in der stationären Altenhilfe. Aktuelle Inanspruchnahme, Versorgungskonzepte und Trends am Beispiel Baden-Württembergs. Stuttgart: Kohlhammer Verlag.

Schmidt, S. G./Dichter, M. N./Palm, R./Hasselhorn, H. M. (2012): Distress experienced by nurses in response to the challenging behaviour of residents – evidence from German nursing homes. In: Journal of Clinical Nursing 21, H. 21-22, S. 3134–3142.

Schockenhoff, E./Wetzstein, V. (2005): Relationale Anthropologie – Ethische Herausforderungen bei der Betreuung von dementen Menschen. In: Zeitschrift für Gerontologie und Geriatrie 38, H. 4, S. 262–267.

Schubert, C. (2006): Videografie im OP: Wie Videotechnik für technografische Studien genutzt werden kann. In: Rammert, W./Schubert, C. (Hrsg.): Technografie. Zur Mikrosoziologie der Technik. Frankfurt am Main: Campus Verlag. S. 223–248.

Schütz, A. (1971): Wissenschaftliche Interpretation und Alltagsverständnis menschlichen Handelns. In: Schütz, A. (Hrsg.): Gesammelte Aufsätze. Band 1: Das Problem der sozialen Wirklichkeit. Den Haag: Martinus Nijhoff. S. 3–54.

Seidl, U./Lueken, U./Thomann, P. A./Kruse, A.,/Schroder, J. (2012). Facial Expression in Alzheimer's Disease: Impact of Cognitive Deficits and Neuropsychiatric Symptoms. American Journal of Alzheimer's Disease and Other Dementias, 27(2), S. 100–106.

Selbaek, G./Kirkevold, Ø./Engedal, K. (2007): The prevalence of psychiatric symptoms and behavioural disturbances and the use of psychotropic drugs in Norwegian nursing homes. In: International Journal of Geriatric Psychiatry 22, H. 9, S. 843–849.

Senge, K. (2013): Hauptwerke der Emotionssoziologie. Wiesbaden: Springer Fachmedien.

Sorkale, E. (1997): „In den Mokassins des anderen gehen". In einem Magdeburger Altenpflegeheim praktiziert man die „Integrative Validation". In: Altenpflege 22, H. 1, S. 50–51.

Stechl, E./Lämmler, G./Steinhagen-Thiessen, E./Flick, U. (2007). Subjektive Wahrnehmung und Bewältigung der Demenz im Frühstadium – SUWADEM. Zeitschrift für Gerontologie und Geriatrie, 40(2), S. 71–80.

Stokes G. (2000): Challenging Behaviour in Dementia: A Person-centred Approach. Bicester: Speechmark Publishing.

Strauss, A. (1994): Grundlagen qualitativer Sozialforschung. München: Fink.

Strauss, A. L./Corbin, J. (1996): Grounded Theory. Grundlagen qualitativer Sozialforschung. Aus dem Amerikanischen von Solveigh Niewiarra und Heiner Legewie. Weinheim: Psychologie Verlags Union.

Tuma, R./Schnettler, B./Knoblauch, H. (2013): Videographie. Einführung in die interpretative Videoanalyse sozialer Situationen. Wiesbaden: Springer VS.

Urselmann, H.-W. (2013): Schreien und Rufen. Herausforderndes Verhalten bei Menschen mit Demenz. Bern: Verlag Hans Huber.

Van der Kooij, C. (2005): Demenzpflege: Herausforderung an Pflegewissen und Pflegewissenschaft. In: Tackenberg, P./Zegelin-Abt, A. (Hrsg.): Demenz und Pflege. Eine interdisziplinäre Betrachtung. Frankfurt am Main: Mabuse Verlag. S. 62–76.

Vasse, E./Vernooij-Dassen, M./Spijker, A./Rikkert, M. O./Koopmans, R. (2010): A systematic review of communication strategies for people with dementia in residential and nursing homes. In: International Psychogeriatrics 22, H. 2, S. 189–200.

Verkaik, R./van Weert, J. C. M./Francke, A. I. (2005): The effects of psychosocial methods on depressed, aggressive and apathetic behaviors of people with dementia: a systematic review. In: International Journal of Geriatric Psychiatry 20, H. 4, S. 301–314.

Weidner, F. (2003): Professionelle Pflegepraxis und Gesundheitsförderung. Eine empirische Untersuchung über Voraussetzungen und Perspektiven des beruflichen Handelns in der Krankenpflege. 2. Auflage. Frankfurt am Main: Mabuse Verlag.

Werner, B. (2002): Konzeptanalyse Basale Stimulation. Bern: Verlag Hans Huber.

Whitehouse, P. J. (2009): Mythos Alzheimer: Was Sie schon immer über Alzheimer wissen wollten, Ihnen aber nicht gesagt wurde. Bern: Verlag Hans Huber.

Wilhelm, H.-J. (2003): Wenn alles Wahrheit wird, wird die Wüste zum Weg – Demenz aus soziologischer Sicht. In: Wormstall, W. (Hrsg.): Alterspsychiatrie im Wandel. Oberhausen: Athena Verlag. S. 149-157.

Wingenfeld, K./Seidl, N. (2008): Verhaltensauffälligkeiten psychisch beinträchtigter Heimbewohner als Herausforderung für die Pflege. In: Schaeffer, D./Behrens, J./Görres, S. (Hrsg): Optimierung und Evidenzbasierung pflegerischen Handelns. Weinheim: Juventa. S. 56-80.

Zuidema, S./Koopmans, R./Verhey, F. (2007): Prevalence and predictors of neuropsychiatric symptoms in cognitively impaired nursing home patients. In: Journal of Geriatric Psychiatry and Neurology 20, H. 1, S. 41-49.